TOUTE LA VÉRITÉ

AU PEUPLE,

OU

RÉFUTATION D'UN PAMPHLET CALOMNIATEUR,

PAR M. CABET,

Ex-Député, ex-Procureur-général,

PUBLIÉE

PAR UNE COMMISSION

AU NOM DE

L'ASSEMBLÉE GÉNÉRALE

DES

ACTIONNAIRES DU POPULAIRE,

Contenant 140 Actionnaires présents.

Prix : 50 cent.

PARIS.

CHEZ PRÉVOT, rue Bourbon-Villeneuve, 61 ;

PILOUT ET COMP., rue de la Monnaie, 29.

Juillet 1842.

SOMMAIRE.

DÉLIBÉRATION

DE L'ASSEMBLÉE GÉNÉRALE DES ACTIONNAIRES

DU POPULAIRE.

A la publication du pamphlet, je pris la résolution d'ajourner la publication hebdomadaire du *Populaire* et de faire expliquer l'Assemblée générale des actionnaires. J'annonçai cette double résolution dans le numéro 4. — Quelques jours après, le 18 juillet, je convoquai une Assemblée générale des Actionnaires de Paris : cent quarante se réunirent.

Je leur exposai : — Qu'un pamphlet, récemment publié, contenait contre moi toutes les imputations qu'on pouvait imaginer, même celle de *captation* envers eux et à leur préjudice ; — que j'étais résolu d'y répondre par une brochure ; — que je désirais que les Communistes et notamment les Actionnaires du *Populaire* se prononçassent ; — que je pourrais attendre la publication de ma réponse, certain qu'il ne resterait à personne de bonne foi aucun doute sur la calomnie ; — mais que ma vie et mes écrits étaient assez connus pour que chacun pût porter un jugement dès à présent ; — qu'il convenait mieux à mon caractère de leur demander de s'expliquer *avant la publication de ma réponse* et sans la connaître ; — et que, pour savoir s'ils avaient ou s'ils n'avaient pas une confiance entière en moi sous tous les rapports, je leur proposais : 1° de décider, à l'instant, que l'Assemblée ferait imprimer et publierait ma réponse ; 2° que chaque actionnaire souscrirait aux frais pour *quatre fr.*; 3° que l'Assemblée nommerait immédiatement une *Commission*, qui recueillerait les cotisations, distribuerait la brochure, et m'écrirait une *lettre* pour exprimer son sentiment, quel qu'il fût ; — 4° et que tous les Actionnaires présents autoriseraient la Commission à publier leurs noms si elle le jugeait nécessaire et convenable.

Cette proposition faite, je voulus me retirer, en priant l'Assemblée de délibérer, et chaque membre de s'expliquer, comme un citoyen ferme, en toute liberté ; mais l'Assemblée demanda que je restasse. Puis, après quelques observations de quelques membres, elle adopta, *à l'unanimité*, toutes mes propositions, et nomma de suite une Commission de neuf Actionnaires, autorisés à s'en ajoindre d'autres.

Ainsi, ma réponse est publiée par la Commission, AU NOM DE L'ASSEMBLÉE GÉNÉRALE DES ACTIONNAIRES.

Il est inutile d'ajouter que je n'ai pu avoir d'autre intention que celle de demander un témoignage de confiance, et que la *responsabilité* quelconque de ma brochure ne peut appartenir qu'à moi.

CABET.

RÉCENTS OUVRAGES DE M. CABET.

HISTOIRE POPULAIRE de la Révolution française de 1789 à 1830, 4 vol. in-8, 18 fr.

CONTRE LES BASTILLES :

POINT DE BASTILLES ! . . . . 30 c.
M. THIERS mérite d'être mis en accusation. . . . . 30 c.
LE NATIONAL nous perd par son aveuglement sur les Bastilles. . . 50 c.
L'EMBASTILLEMENT serait la ruine de Paris et de la France. . . . 50 c.
DIALOGUE sur les Bastilles entre M. Thiers et un courtisan. . . . 15 c.

CONTRE LE NATIONAL :

LE NATIONAL traduit devant le tribunal de l'opinion publique par M. Cabet, et M. Cabet se défendant contre le NATIONAL. . . . 50 c.
PROCÈS de M. Cabet contre le *National*. . . . . 30 c.
NOUVELLE RÉPONSE de M. Cabet aux nouvelles attaques du *National*. 15 c.

SUR LA COMMUNAUTÉ :

Comment je suis Communiste . . . . 15 c.
Credo Communiste. . . . . 15 c.
Prospectus du *Populaire*. . . . . »
12 lettres d'un Communiste à un Réformiste. . . . . 1 f. 50 c.
Réfutation des ouvrages de l'*Abbé Constant*. . . . . 30 c.
— de l'*Humanitaire*. . . . 15 c.
— de l'*Atelier* . . . . 30 c.
Arrêt Quénisset. . . . . 60 c.
Ma ligne droite, ou le véritable chemin du salut pour le Peuple. . . . 60 c.
Propagande Communiste. . . . . 15 c.
Le Guide du Citoyen aux prises avec la Police et la Justice . . . . 30 c.
Premier Dialogue populaire. . . . . 5 c.

NOUVELLE ÉDITION DU *VOYAGE EN ICARIE*, 4 fr.

LE POPULAIRE

Paraîtra incessamment tous les dimanches.
Pour un an : 12 fr. — Pour 6 mois : 6 fr. — Pour 4 mois : 4 fr.

TOUTE LA VÉRITÉ

AU PEUPLE.

RÉFLEXIONS GÉNÉRALES.

Vous qui craignez la critique, écrivains timides, n'écrivez pas ou gardez-vous de publier vos écrits! car vous vous exposeriez nécessairement au jugement du public; et l'estime ou l'approbation des juges les plus éclairés et les plus judicieux ne vous mettrait pas à l'abri du dédain aveugle ou affecté des ignorants et des sots, des ennemis perfides et méchants.

Si vous voulez la paix pour vous et vos familles, philosophes ou philanthropes qui roulez dans votre tête quelque grande idée de réforme ou de régénération sociale, gardez-vous d'en entreprendre la réalisation! car vous vous ferez nécessairement d'innombrables ennemis parmi ceux dont l'idée nouvelle blesse les préjugés, ou l'intérêt, ou l'ambition; la reconnaissance, l'admiration, l'amour même des âmes les plus justes et les plus généreuses, ne vous garantiront ni de l'inconstance et du caprice des faibles, ni des calomnies et des outrages des pervers; jamais le zèle de vos partisans n'égalera l'ardeur et l'activité de vos adversaires; vous serez le point qu'entoureront mille ennemis de couleurs et de nuances diverses, et contre lequel ils lanceront leurs traits de tous côtés à la fois; il n'est pas un dogue ou un roquet qui ne puisse vous mordre ou aboyer contre vous, pas une vipère ou un crapaud qui ne puisse vous piquer ou vous salir!... Et les calomnies, les outrages, la persécution, la prison, l'exil ou la mort, l'abandon de vos contemporains et la flétrissure de votre mémoire, pourront être le prix de votre dévouement méconnu!...

Et ne croyez pas que j'exagère! l'histoire n'est-elle pas remplie des persécutions et des martyres des philosophes et des réformateurs? *Socrate*, proclamé par l'Oracle le plus sage et le plus vertueux des hommes, n'a-t-il pas été calomnié par d'infâmes imposteurs, *Anytus* et *Melitus*, condamné comme un empoisonneur de la jeunesse qu'il exhortait à la vertu, empoisonné par le Peuple d'Athènes, qu'aveuglaient l'ignorance et la vanité? *Les Gracches*, ces généreux et fidèles tribuns du Peuple, dont l'Univers proclame aujourd'hui le dévouement populaire, n'ont-ils pas été trahis par l'infâme *Drusus*, qui affectait plus de popularité qu'eux dans l'infernal dessein de les dépopulariser et de les perdre? N'ont-ils pas été abandonnés par ce même Peuple auquel ils se dévouaient et dont ils avaient été les idoles? Assassinés par l'Aristocratie qu'irritait leur projet de réforme, leurs cadavres n'ont-ils pas été jetés dans le Tibre comme à la voierie, et leur nom solennellement flétri pendant vingt siècles comme celui d'ambitieux, de démagogues, de factieux, de pillards, d'usurpateurs et de tyrans? Et *Jésus-Christ*, que les populations suivaient comme un Prophète et le Messie, que la Terre entière adora depuis comme un Dieu, n'a-t-il pas été calomnié et accusé par les *Scribes* ou les *écrivains* d'alors, trahi et livré par son disciple *Judas*, renié par son autre disciple *Pierre*, condamné par les Prêtres et les Pharisiens ou les Riches, abandonné et poursuivi par le Peuple pour le salut duquel il consentait à mourir et qui lui préféra le voleur et l'assassin *Barabas*, outragé par d'imbécilles soldats qui lui mirent dérisoirement sur la tête une couronne d'épines, et barbarement crucifié entre deux larrons comme un larron lui-même, un faussaire, un blasphémateur, un intrigant et un révolutionnaire?

Encore une fois, si vous voulez votre repos et votre tranquillité, si vous reculez devant la crainte des calomnies, des haines et des persécutions, taisez-vous!...

Mais que dis-je, vous taire, avoir peur... reculer!... Oui, si votre cœur n'a pour vos frères que des vœux sans ardeur... Mais si votre âme est embrasée de l'amour du Peuple et de l'Humanité, si vous avez l'inébranlable conviction d'une grande idée qui peut décider du salut du Genre humain, en avant, marchez, parlez, prêchez!... Imitez le courage et le dévouement de vos glorieux modèles!... Bravez l'injustice et l'ingratitude, la calomnie et la persécution des hommes, pour qui vous vous dévouez!... Et c'est même précisément parce qu'ils sont injustes et ingrats, calomniateurs et persécuteurs; c'est parce que leurs vices les rendent malheureux; c'est parce que ces vices ne sont pas l'effet d'un irrévocable arrêt de la Nature ou du Destin; c'est parce qu'ils ne sont que le résultat accidentel d'une Organisation sociale insensée; c'est parce que vous avez une idée réformatrice et régénératrice qui peut métamorphoser l'homme en métamorphosant la Société; c'est, en un mot, parce que l'Humanité souffre d'une maladie qui n'est pas sans remède qu'il faut se dévouer à sa guérison... Marchez donc, marchez courageusement! Et si votre dévouement fait de vous de nouvelles victimes, si votre mémoire est vilipandée, flétrie, l'histoire est encore là pour vous crier que tôt ou tard la Postérité rend justice à ses défenseurs.

Et d'ailleurs, au milieu des outrages et des persécutions, vous aurez toujours un ami constant, fidèle, chaleureux, dévoué, qui remplacera tous les amis capricieux ou lâches, qui veillera au chevet de votre lit et ne s'endormira que quand il vous verra dormir d'un doux sommeil, qui ne vous abandonnera jamais, qui vous suivra partout et saura pénétrer jusque dans votre cachot, pour vous défendre, pour vous soutenir, pour vous consoler, pour vous donner un invincible courage et d'ineffables jouissances ; et cet ami si puissant et si précieux, vous l'avez deviné , c'est votre *conscience !...* C'est le témoignage sans cesse rendu par elle que, au milieu de la corruption, de l'égoïsme, de la cupidité du siècle, vous êtes assez désintéressés, assez généreux, assez purs, assez grands, assez hommes, assez heureux, pour aimer par-dessus tout l'Humanité, pour n'avoir d'autre ambition que celle de la servir et d'autre passion que celle de vous dévouer à son bonheur en travaillant, en souffrant, en mourant s'il le faut pour elle !..,

Pour moi, humble serviteur d'une idée qui n'est pas nouvelle, mais qui semble réveillée d'un long sommeil, et qui n'en est pas moins une grande idée réformatrice et régénératrice, j'ai consacré le reste de ma vie à sa propagation. Loin de moi la pensée d'aspirer au titre de réformateur ; mais je me dévoue à tout pour remplir la mission que je m'impose ; et je répète ce que j'ai déjà dit souvent : je suis un *homme de dévouement !*

Et je n'ai pas de mérite à l'être ; car c'est ma nature, mon instinct, ma force vitale. Il ne me serait pas plus possible de n'être pas dévoué qu'il serait facile à d'autres d'avoir du dévouement !

Et qu'on ne croie pas me faire reculer en m'accusant de *vanité* ; car l'amour de l'Humanité grandit trop l'imagination, purifie trop l'âme et lui donne trop de délices inconnus au vulgaire, pour y laisser quelque place à quelque puérile et sotte vanité. Je n'hésite donc pas à le déclarer hautement, quand je m'interroge moi-même en juge sévère, je ne me sens pas la moindre vanité, et je trouve mon âme remplie de sentiments trop grands pour n'être pas fier d'être exempt de vanité.

Et d'ailleurs, comment pourrait-il conserver quelque sentiment de vanité celui qui depuis si longtemps est assailli de tant d'attaques, celui que, dès 1815, l'inébranlable fermeté de ses opinions populaires déterminait le Conseil royaliste et réacteur des Avocats à dépouiller momentanément de son titre et de l'exercice de sa profession de défenseur du pauvre et de l'opprimé, comme atteint de l'incurable folie de la Démocratie , comme un prédicateur de principes subversifs de la société , comme un corrupteur de ses jeunes confrères qu'entraînait son exemple ? Comment pourrait-il être vain celui contre qui, aux élections de 1831, le ministère et ses journaux et ses partisans ont vomi tant d'injures et tant de calomnies ; celui que la Police s'est attachée si longtemps à signaler comme un homme sanguinaire (tandis que son âme n'était remplie que d'humanité), et comme un être ignoble abruti par l'ivrognerie et qu'on ramassait chaque jour sous la table et dans la rue, tandis que, depuis son enfance, la faiblesse de sa vue et près de cinq ans de cécité l'avaient forcé de prendre l'habitude de la vie la plus sobre et a plus tempérante, dont la base était l'abstention du vin et des liqueurs? Comment pourrait-il être vain celui qu'un journal français à *Philadelphie* a noirci de son mépris et de ses calomnies, affirmant que c'était un âne que son ami Barthe n'avait destitué de ses fonctions de Procureur-général que parce que son ami Dupont de l'Eure avait déshonoré la Magistrature en choisissant un avocat si obscur, si ignorant en droit et en tout, si incapable de parler et d'écrire ?...

Comment pourrait-il être encore orgueilleux celui contre qui le Pouvoir dans ses persécutions, les Procureurs généraux dans tant de réquisitoires, tous les partis dans leur haine politique, *le National* dans ses colonnes en faveur des bastilles, le jeune fondateur de *la Fraternité*, les ouvriers de *l'Atelier* et de *l'Humanitaire*, ont entassé tant d'injures et tant d'outrages, et contre qui, pour comble d'humiliation (s'il était possible de l'humilier) un misérable, un..... Mais je ne veux pas que son nom salisse ici mon encre...

Cet homme vient de publier une grosse brochure intitulée *Calomnies et politique de M. Cabet. — Réfutation par des faits et par sa Biographie.*

Aucun Parti, aucun ennemi, la Police elle-même, n'ont jamais fait, que je sache, ni contre moi, ni contre personne, un pamphlet plus méchant et plus diabolique : la Police doit bien s'en réjouir !

Faisant précisément tout ce que la Police doit désirer le plus vivement, exagérant la Démagogie elle-même, flattant, adulant, trompant le Peuple, le pamphlétaire repousse et condamne essentiellement toute la Bourgeoisie, tous les Bourgeois, tous les Députés sans exception, tous les Magistrats, tous les Jurés, sans rien trouver de bon dans les Lafayette, les Laffitte, etc. etc. — Il prêche le matérialisme brut, sans aucune définition, et nie absolument le dévouement personnel. — Il demande l'abolition de la Famille, et veut donner à la femme la position qu'a maintenant la fille entretenue. — Quant à moi, il examine toute ma vie depuis mon enfance et critique tous mes actes, qu'il ne trouve pas assez démocrates. Il examine et condamne tous mes écrits, même mon *Populaire de* 1834, même mon *Histoire populaire de la Révolution française*, même mon *Voyage en Icarie*, et n'y trouve rien de bon et rien de bien, malgré leur immense popularité.

Il traduit devant le *Tribunal de l'opinion publique* ce qu'il appelle ma *politique* et *mes actes*.

Il m'accuse : — d'extrême vanité, de vanterie; — de jalousie, d'envie, d'intolérance envers les bons écrivains comme lui; — de vouloir étouffer le *libre examen*, la *libre discussion*; — d'être un ambitieux qui aspire à la domination, à une espèce de *censure*, au *monopole*, à la *Gérontocratie*, à la *Papauté politique*; — d'*astucieuses manœuvres* pour le dénigrer, d'*odieuses insinuations*, d'impudents mensonges, d'*audacieuses calomnies*, de *falsifications*, — de vouloir *capter* la confiance populaire; — de me dire un homme de dévouement; — de prêcher l'alliance et la fraternité entre le Peuple et la Bourgeoisie; — d'avoir dit : Je suis *Français*, puis *Démocrate*, puis *Réformiste*, puis *Socialiste*, puis *Communiste*, au lieu de dire tout simplement : *Je suis Communiste*; — d'être un homme léger, changeant, une *girouette*, un palinodiste, presque un renégat...

Je ne sais de quoi il ne m'accuse pas! car il me soupçonne d'être un *Pisistrate*, un *Drusus*...

Mais ce qui surpasse tout, il m'accuse : — de cupidité; d'être un *Robert-Macaire*; de capter et d'escroquer presque mes actionnaires et mes abonnés pour le *Populaire*; puis enfin d'être un valet *corruptible*, corrompu, vendu à quelque Police... oh! l'infâme, le misérable!

Et il pousse la satanique méchanceté jusqu'à remettre ou à faire remettre un exemplaire à mon *portier*, en lui expliquant bien que c'est pour lui, en lui recommandant expressément de le lire.

Et il l'envoie probablement partout à Paris et dans les départements, si la Police n'en fait pas pour elle une seconde édition.

En un mot, son but est de me flétrir, de me déshonorer, de me tuer dans l'opinion publique. Si je ne suis pas anéanti, ce n'est pas la faute de sa volonté! Je puis bien le considérer comme mon meurtrier d'intention, comme mon assassin qui m'a porté un coup de poignard, ou tiré un coup de fusil, ou versé du poison, et qui n'a manqué son but que par une circonstance indépendante de lui!

Et la coterie dont il est l'instrument s'en va répandant partout, d'un air de triomphe, que je ne pourrai plus ni parler ni écrire, que le *Populaire* ne paraîtra pas hebdomadairement, que je ne pourrai trouver ni les actions, ni les abonnements, ni le cautionnement nécessaires, tandis que mon sacrificateur a reçu d'un général 50,000 francs pour diriger le Communisme et le Monde, en rédigeant un nouveau journal mensuel qu'il appelle *la Liberté*.

Me voilà donc jugé, condamné, flétri, tué, mort...!

Non, non, je me relève pour châtier l'insolent! car, je l'ai déjà dit, si je ne cherche jamais personne, on me trouve toujours quand on me cherche moi-même! Et j'ai tort de dire : Je me relève; de si ignobles attaques n'ont pas même la force de m'ébranler, quarante ans d'une vie de luttes et d'épreuves au grand jour étant un bouclier sur lequel viennent se briser les dents de la vipère. Je dis *vipère*, car si le doux Jésus-Christ s'indignait contre les Pharisiens et les Scribes, jusqu'à les appeler *race de vipères*, et jusqu'à les condamner aux supplices de l'enfer, je puis bien qualifier de serpent l'être qui veut me piquer et me tuer après que j'ai voulu le réchauffer pour ainsi dire dans mon sein, et qui surtout compromet la cause sacrée du Peuple pour satisfaire sa vanité et son égoïsme!

Aussi, beaucoup de mes amis m'engageaient à mépriser cette boue, qu'un coup de vergette suffirait à faire disparaître en poussière.

Mais quand je vois remettre le pamphlet à mon portier, qui peut m'assurer qu'on ne l'a pas distribué et donné partout? qui peut me garantir que la Police ne le répand pas elle-même? Ne sait-on pas que l'ignorance et la crédulité sont extrêmes; que l'on est généralement disposé, au milieu de notre désordre social, à croire le mal plutôt que le bien ; et que rien n'est plus facile que d'égarer le Peuple par des mensonges et des calomnies, surtout par des calomnies *imprimées?* Quelle que puisse être en ma faveur la confiance de ceux qui me connaissent, je ne puis, moi, avoir la prétention ni d'être bien connu de tout le monde, ni de n'avoir jamais besoin de me défendre. Et de même que, à l'époque d'une proposition de duel, beaucoup d'ouvriers m'honorèrent assez pour me dire publiquement que je ne pouvais accepter le duel ni disposer de ma vie parce qu'elle appartenait au Peuple, de même ils me diraient aujourd'hui que je ne puis me laisser outrager, calomnier, tuer moralement, parce que mon honneur appartient à la cause à laquelle je me suis voué.

D'ailleurs, c'est un bon exemple à donner pour les mœurs démocratiques, que de discuter devant le Peuple et de se soumettre à son jugement.

D'ailleurs encore, l'affaire est infiniment grave; car si, comme je le soutiens, comme ma longue vie publique le démontre, et comme le reconnaissent une foule de témoignages solennels, je suis un homme de dévouement, qui voudra se dévouer au Peuple si le premier gougeat, le premier pygmée, peut impunément outrager un de ses dévoués et utiles défenseurs? N'est-ce pas compromettre l'intérêt populaire?

Le mal est infiniment grave sous un autre rapport : le misérable calomniateur n'est pas seul; il est l'instrument qu'emploient quelques individus qui ne sont pas alliés mais coalisés; et cette petite Coalition se compose d'une douzaine des hommes les plus remuants parmi les *ultrà-Communistes*; ce sont des *Babouvistes* et des *Hébertistes*, des rédacteurs de *la Fraternité*, de *l'Humanitaire* et du *Communautaire*. Et ce sont surtout mes principes qu'ils attaquent, les principes du *Voyage en Icarie* et du *Populaire* : ils veulent m'anéantir parce que je n'admire ni *Hébert* ni *Babeuf* et ne voudrais pas les imiter; parce que je défends intrépidement la Famille; parce que je ne veux la Communauté que par la propagande pacifique, par la discussion, par la puissance de l'opinion publique; parce que je repousse la violence, les Sociétés secrètes, l'émeute et l'attentat; ils veulent m'anéantir, parce que le Peuple m'honore de quelque confiance et que beaucoup des ouvriers les plus influents par leurs lumières et leur moralité ont abandonné les Sociétés secrètes pour me suivre dans la voie du courage civil, de l'instruction et de la moralisation. C'est parce que je les gêne, parce que je froisse leur vanité et fais obstacle à leur ambition, qu'ils veulent me tuer! Mais si, dès aujourd'hui, ces *nouveaux Hébertistes* emploient de pareils moyens contre un homme dévoué, que ne feraient-ils donc pas après une révolution !

Je les connais ! Si quelques-uns de ces coalisés ne sont que des hommes faibles, égarés par la vanité et par la crédulité, je vois parmi les autres des êtres profondément immoraux et ignobles, égoïstes, ambitieux et cupides, divisés entr'eux d'opinions, de sentiments et d'intérêts, réunis seulement par la haine, qui se méprisent et se détestent, qui précédemment se sont accusés et battus, et qui finiront bientôt par se dévorer !...

Oh ! que ces réflexions sont désolantes et déchirantes pour moi !..... Mais faut-il fermer les yeux à la lumière, ou dissimuler le mal au lieu de le guérir ? Ne sait-on pas que le vice et le crime sont sur la Terre, parmi les pauvres comme parmi les riches ? Peut-on s'étonner de trouver des hommes vicieux parmi ceux qui se disent communistes, mais qui portent encore l'influence de notre détestable organisation sociale, et que la Communauté n'a pas encore pu perfectionner et purifier puisqu'elle n'est pas encore établie ? C'est précisément pour cela que je désire si passionnément son établissement et que je braverai tout pour l'établir en continuant ma route !

Enfin, qu'on y réfléchisse bien, la France et l'Humanité, c'est ma conviction, se trouvent, à cause des Bastilles, dans une des plus grandes crises dont l'histoire ait conservé le souvenir; et c'est un devoir pour un homme dévoué de signaler au Peuple les piéges qu'on lui tend, les périls qui le menacent, les moyens qui peuvent le sauver, ses ennemis les plus dangereux et ses véritables amis ; et puisque l'occasion se présente d'éclairer mes citoyens et de leur être utile, je ne puis la laisser échapper.

Quelque désagréable et douloureuse que ma réponse puisse être pour moi, je vais donc répondre à mes risques et périls !

S'il était possible d'avoir une grande réunion populaire, avec quel empressement je la provoquerais pour décider enfin toutes les questions par lesquelles on veut diviser la masse communiste ! Avec quel plaisir, quel enthousiasme, j'y discuterais et soutiendrais, envers et contre tous, mes opinions en faveur de la Communauté, de la Famille, de la Fraternité universelle, de la propagande pacifique, par la discussion ! Avec quelle confiance je provoquerais toutes les objections et toutes les attaques ! Avec quelle énergie je dévoilerais les piéges et les périls, et démasquerais les fous et les perfides ! Ah ! que le Peuple ne peut-il être ainsi rassemblé tout entier, pour tout entendre et tout juger ! Qu'il aurait bientôt fait justice des choses et des hommes ! Car si rien n'est plus facile que le Peuple à surprendre et à tromper quand il n'entend et ne voit que des orateurs clandestins, aucun Tribunal n'est plus capable de bien juger quand une libre et contradictoire discussion, en sa présence, épuise et soumet à son jugement toutes les raisons *pour* et *contre*......

Mais une grande réunion populaire est-elle possible? En attendant, je vais répondre, discuter et m'expliquer par écrit!

Je voudrais être modéré, indulgent, humain, sage!... Je voudrais avoir les sentiments et le langage qui conviennent à un apôtre de la Communauté; mais plus on aime le Peuple, l'Humanité, la Communauté, la Fraternité universelle, plus il faut être sévère envers ceux qui les compromettent; et par conséquent je veux être énergique. Puissé-je atteindre le but et ne pas le dépasser!

J'anéantirai toutes les accusations; — je démasquerai l'accusateur; — j'ouvrirai mon âme entière pour dire au Peuple toute la vérité.

Et d'abord, foulant aux pieds toute crainte, bravant sans hésiter la banale accusation de vanité, fort de la conscience que mon âme en est pure, je vais parler de moi, parce que je le crois nécessaire; et j'en parlerai comme je parlerais d'un autre, ou comme pourrait parler mon défenseur devant le Tribunal de l'opinion publique; ou plutôt je vais rappeler des opinions publiées sur moi, pour montrer quel est l'homme accusé et combien sont révoltantes les calomnies accumulées contre lui.

Opinions des Ouvriers et de la Presse libérale.

Je venais de publier mon *Histoire populaire de la Révolution Française*, mes *Six lettres sur la crise actuelle*, mon *Voyage en Icarie*, ma brochure *Comment je suis Communiste*, et mon *Credo Communiste*, par conséquent tous mes principes démocratiques et communistes étaient bien connus, lorsqu'on fit lithographier et circuler, en décembre 1840, l'Adresse suivante :

CITOYEN CABET,

« Les *patriotes avancés* s'empressent de vous témoigner *hautement* leurs *sympathies* et leur *confiance*. Nous ne doutons pas que l'écrivain démocrate, refoulé dans l'exil par les persécutions, y ayant travaillé sans relâche pour répandre à son retour l'histoire de notre grande révolution dont il a *si justement apprécié les hommes et les faits*, démontrant dans son *Voyage en Icarie* la possibilité d'une organisation sur les bases des doctrines communautaires qui peuvent seules satisfaire à tous les développements et à tous les besoins ; nous ne doutons pas, disons-nous, que vous ne remplissiez, avec le même DÉVOUEMENT *dont vous avez toujours fait preuve*, la *laborieuse mission* D'UNIR et D'ÉCLAIRER les patriotes par la publication du *Populaire*, dont votre PATRIOTISME et la PRUDENCE que *l'expérience* et *l'étude* vous ont donnée garantissent le succès et *l'utile influence*. Veuillez donc porter au nombre de vos *premiers abonnés* les citoyens dont les signatures et les adresses suivent. »

Plus de MILLE *signatures.*

Ainsi, l'Adresse me témoignait *sympathie* et *confiance!* elle reconnaissait un long et constant *dévouement* prouvé, du *patriotisme*, de l'*expérience*, de la *prudence*! elle confirmait la *mission* d'UNIR et d'ÉCLAIRER, par la publication du *Populaire*, les patriotes les plus avancés!

Et cette Adresse fut rédigée par l'un des coalisés d'aujourd'hui les plus violents ! ...

Et malgré la confusion, le trouble, la terreur, que répandait le procès Darmès, cette Adresse fut signée par plus de mille des patriotes les plus avancés, en représentant plus de quatre mille, me disait-on... C'était un engagement de soutenir le *Populaire*, un engagement sacré s'il en est.

Déterminé par cette Adresse et par cet engagement, je fis des dépenses, je publiai le *Populaire*. —Mais bientôt, la vanité et l'ambition séparèrent quelques hommes ; d'autres journaux se fondèrent pour *diriger*; les coteries, les intrigues, les divisions, les concurrences et les hostilités naquirent... De là tout le mal... Et je crois pouvoir me plaindre d'une espèce de violation de l'engagement pris envers moi, d'une sorte de trahison même...

Les *Bastilles* me paraissant le plus grand des malheurs, et aucun écrivain connu n'osant attaquer le *National* qui les demandait, je me dévouai (c'est le mot) pour attaquer le *National* et les Bastilles, et publiai successivement trois brochures, qui m'attirèrent des outrages de la part du *National*, même un procès contre lui, même une proposition de duel, à l'occasion desquels la Presse libérale publia les opinions suivantes :

Le *Journal du Peuple* du 22 février, annonçant ma brochure, *Le National nous perd par son aveuglement sur les bastilles*, dit :

« Cet écrit se distingue, comme toutes les publications de M. Cabet, par « la *lucidité, l'ordre, le raisonnement*, un *style net* et *populaire*, et par « *l'éminent et consciencieux* CIVISME qui anime cet HOMME DE BIEN, « cet homme de bien d'un si bon esprit. »

— *Le Commerce* du 25 février dit :

« Un des hommes les plus *sincères* et les plus *éprouvés* du parti « radical, M. Cabet, vient de publier une vive protestation contre le « projet de M. Thiers. »

— En annonçant ma deuxième brochure : *L'embastillement serait la ruine de Paris et de la France*, le *Journal du Peuple*, du 11 mars, me traite :

« D'*honorable citoyen*, mu par une *conviction* profonde, dont il est « loin de blâmer l'*énergique franchise.* »

— En annonçant ma troisième brochure, intitulée : *Dialogue sur les bastilles entre M. Thiers et un courtisan*, la *Revue du Progrès*, , du 1er avril, ajoute :

« Nous devons à M. Cabet, *au nom de la Majorité du Parti radical*, « de solennels REMERCIEMENTS, pour le *zèle*, le *courage*, *l'inébranlable*

« *constance* qu'il a mis à repousser, dans une série de vigoureuses brochures, un projet aussi téméraire que funeste.. »

— Répondant à l'article du 10 avril, du *National*, le *Journal du Peuple* ajoute :

« Certes, depuis que M. Cabet a encouru la *haine du Pouvoir*, il a « assez *honorablement* fait preuve de *persévérance :* elle lui a valu *cinq* « *années d'exil*, chose *longue et cruelle.* »

— *La Phalange* du 10 mai dit :

« Nous sommes *fort loin de partager* les opinions politiques et so- « ciales de M. Cabet, qui *est le* PRINCIPAL APOTRE *de la Communauté* « *égalitaire*; mais nous nous plaisons à rendre *hommage à l'austère* « *intégrité* et à *la parfaite loyauté* d'un homme qui, dans toute sa car- « rière politique, à fait preuve du *désintéressement le plus complet* et « de *l'abnégation la plus entière.* M. Cabet est un des hommes que ses « *antécédents mettent le plus à l'abri du soupçon de vénalité :* il obéit « à une *conviction profonde.* »

— Le *Nouveau Monde*, du 1er juillet, dit :

« Nous ne comprenons pas pourquoi le *National*, après avoir atta- « qué, n'a pas inséré la défense de M. Cabet. M. Cabet a donné des « *preuves* irrécusables de son *dévouement* et de la *pureté* de ses inten- « tions; et il avait droit à un peu *plus d'égards* de la part d'un journal « qui doit *honorer le patriotisme et l'abnégation.* »

— Ecoutez le *National* lui-même! Le 22 février, il déclare qu'il a lu ma première brochure contre lui, « avec *toute l'attention que méritait le nom de son auteur*. »

— Le 10 avril, tout en m'attaquant, il dit :

« M Cabet est un FORT HONNÊTE homme, *incapable de faire le mal* « *sciemment.....* »

— Le 15 juin, deux des rédacteurs du *National* m'écrivent :

« Quelque *pénible* que fût cette mission auprès d'un homme qui a « donné pendant sa vie des *preuves de* PATRIOTISME *et de* DÉVOUE- « MENT, et qui a *souffert* pour sa cause... »

Voilà l'opinion de la Presse libérale ! Je n'ai rien à dire sur ces manifestations diverses : chacun peut juger !

Mais je ne puis passer sous silence la manifestation, bien nouvelle, bien rare, et bien remarquable, de la partie active des ouvriers de Paris, au sujet de la proposition de duel. Un grand nombre d'Adresses collectives me furent envoyées ou remises, parmi lesquelles je ne citerai que les suivantes :

Au citoyen CABET, rédacteur du POPULAIRE..

CITOYEN,

Des citoyens du faubourg Antoine viennent vous témoigner leur surprise et leur indignation relativement à la *provocation brutale* qui vous est adressée par des hommes qui vous accusent *de folie*, mais dont les actes prouvent qu'eux seuls méritent une semblable épithète. — *Reculant devant une discussion orale*, foudroyés par vos vigoureuses répliques, il ne leur reste d'autres ressources que la *calomnie*, ou d'en appeler à un *préjugé barbare* qu'ils ont eux-mêmes *flétri à la mort de Carrel*; et, dans leur délire, ils osent invoquer la probité et l'honneur; quelle impudence! — La colère de ces hommes, que vous désignez comme écrevisses de la démocratie et que nous nommerons hautement transfuges, ne nous inspire que de la pitié, du mépris, car, en soutenant une *cause vraie et nationale*, vous avez arraché le masque des traîtres et des parjures; *honneur à vous!* — Nous avons *confiance en l'avenir*, le temps approche où la réparation la plus complète justifiera *votre conduite*. Quant à celle de vos provocateurs et lâches adversaires, elle est jugée.

Daignez agréer, citoyen, l'assurance de notre *admiration* et de notre *entier dévouement*.

Vos concitoyens. (*Suivent* 84 *signatures.*)

Au citoyen CABET.

CITOYEN,

Des *Réformistes du* 8e *arrondissement*, péniblement affectés des entraves qui vous sont suscitées de la part d'hommes qui ne *croient pas à l'intelligence populaire*, éprouvent le besoin de vous exprimer leur *reconnaissance* en faveur de la persévérance et du dévouement que vous mettez à défendre et à publier les vrais principes qui feront un jour le bonheur de l'humanité.

Ils n'hésitent point à déclarer que vous êtes à leurs yeux l'*homme qui les a le plus nettement et le plus rationnellement expliqués*. Ils ont la certitude, citoyen, que vous continuerez avec le *même désintéressement* la pénible tâche que *les souffrances du Peuple* vous imposent, et que vous n'accueillerez qu'avec mépris les insolentes bravades de quelques insensés, crétins superbes, qui s'imaginent *posséder le pouvoir de retenir ou précipiter les masses* sans autre secours que leur puissante volonté. Qu'ils se détrompent et le sachent bien : *le Peuple a réfléchi!* dix ans d'expérience lui ont appris à ne plus s'enthousiasmer des hommes; trop de défections lui ont prouvé qu'ils sont toujours corruptibles et que *les principes seuls sont invariables*.

Ceux que vous proclamez, citoyen, ont toute notre adhésion. *Vous avez bien mérité du Peuple !*

(*Suivent* 92 *signatures de chefs-ouvriers du faubourg St-Antoine.*)

Adresse des ouvriers de Paris.

« MONSIEUR,

« Lorsque vous vous êtes acquis les sympathies de tous les bons patriotes par *vos vigoureuses attaques contre les bastilles;* quand un cri général s'élève pour les repousser et *vous applaudir*; lorsque enfin l'opinion publique s'est presque unanimement prononcée contre ces monstrueux instruments du despotisme; quand personne ne s'est trompé sur le véritable but de ces prétendues fortifications de Paris, le *National* a bonne grâce de vous *proposer un duel*, et de se poser en *triomphateur* quand il a une *funeste erreur* à déplorer, si ce n'est une complicité à se reprocher. Et, d'ailleurs, malgré le vote des deux chambres, malgré l'activité que l'on met dans l'exécution, nous ne regardons pas encore son triomphe comme complet ni comme bien certain. Un cartel, monsieur, est le dernier mot de celui qui se voit *dévoilé* ou qui se sentant *confondu* ne trouve plus de raisons valables pour se défendre : que le *National* ne s'en prenne qu'à lui-même si une bonne partie de ses abonnés l'ont quitté; ils ont pensé que quelque contact empoisonné l'avait fait dévier de ses principes. Mais vous, monsieur, qui *poussez si bien le char du progrès et de la civilisation*, l'abandonneriez-vous? Dominé par un *faux point d'honneur*, pouviez-vous, en acceptant, vous enfoncer *dans un bourbier qui* rappelle si bien les temps déplorables de la barbarie? *Nous vous estimons trop* pour vous croire susceptible d'un pareil écart. Non, monsieur, vous n'accepterez pas; vous suivrez, nous en sommes sûrs, *l'honorable ligne* que vous vous êtes tracée : d'ailleurs, d'après *votre dévouement* au Peuple, dont vous avez *donné tant de preuves*, dans la position que vous vous êtes faite, *vous ne vous appartenez plus* : vous appartenez à tout homme qui aime ses frères et la liberté pour tous, à cette société qui *vous applaudit*, à cette jeunesse que *vous instruisez* et à qui *vous devez un exemple d'un refus formel*. Un *duel* dans le siècle où nous sommes!!! quelle barbarie! quel anachronisme! Quoi! l'exemple de *l'impardonnable faute de Carrel* serait perdue pour ses successeurs? Ou bien les rôles seraient-ils changés? C'est à n'y rien concevoir. Pour Dieu, monsieur, suivez votre *ligne d'opposition si raisonnable et si vraie* sans vous inquiéter du ressentiment de ceux que votre saine logique confond, et comptez sur le *dévouement et la sympathie de vos frères*. »

Suivent huit signatures.

Eh bien, n'est-ce pas là un jugement populaire? Et l'on ose me traduire encore, comme un infâme, devant le Tribunal de l'opinion publique! — Mais écoutez bien ce qui suit :

De la PRISON de..., 22 juillet.

« CITOYEN CABET,

« C'est avec un vif plaisir que nous apprenons que nos frères libres vous envoient une *protestation contre le duel*, la *peine de mort* et le *monopole de la presse*. Nous nous sommes trouvés doublement malheureux de ne pouvoir apposer notre assentiment à côté du leur, pour vous assurer toutes nos *sympathies* et notre *reconnaissance*. Oui, citoyen, vous avez été conséquent avec les *principes* humanitaires que *vous répandez si courageusement*. Oui, vous avez bien fait de repousser dédaigneusement ces prétendus réformateurs dont la plupart sont plus encroûtés de préjugés que les ouvriers qu'ils prétendent instruire, et dont les autres sont des égoïstes qui voudraient faire de nous un marche-pied pour arriver au pouvoir qu'ils convoitent. Contrariés qu'ils étaient de notre peu de complaisance, tant que nous avons été sans défenseurs, ils nous ont calomniés; maintenant, vous venez détruire leurs sophismes, et ne se sentant plus en état de lutter contre la vérité, ils ont choisi pour dernier argument la pointe d'une épée, ce qui est très peu philosophe et pas du tout démocrate. Mais heureusement, les bretteurs en ont été pour leurs pas, et tous les hommes qui se connaissent en vrai courage doivent *applaudir à votre conduite*.

« Comptez, citoyen sur *notre dévouement inébranlable*. Nous vous saluons fraternellement. »

Suivent sept signatures de PRISONNIERS.

Et plusieurs des calomniateurs d'aujourd'hui ont signé cette Adresse! — Mais ce n'est rien encore : les Commissaires de toutes les Adresses s'étant réunis et ayant choisi *dix Délégués*, ces Délégués signèrent et m'apportèrent l'Adresse générale suivante : écoutez!

A M. CABET, ancien député, directeur du POPULAIRE.

« CITOYEN,

« Le *National* ose vous présenter un cartel ; il met aujourd'hui le comble à la longue série de ses déplorables écarts.

« Ce n'est *pas l'homme* qu'ils poursuivent, ces *opiniâtres embastilleurs*, c'est L'INFATIGABLE ADVERSAIRE DES BASTILLES !

« S'ils sentent si fortement, aujourd'hui, le besoin de produire leur courage, qu'ils le tournent contre les ennemis du Peuple, qu'ils le réservent pour défendre la liberté qu'ils ont si gravement compromise. Quant à vous, citoyen, DE SI ODIEUSES PROVOCATIONS *ne sauraient vous atteindre* : MÉPRISEZ-LES ; TOUS LES BONS FRANÇAIS VOUS EN CONJURENT.

« S'ils sont démocrates, pourquoi refusent-ils la discussion ? Les vrais patriotes ont soif de VÉRITÉ et non de *sang !*

« AU NOM DE LA DÉMOCRATIE et de la *morale publique !* au nom de TOUS LES PRINCIPES que vous avez TOUJOURS *si énergiquement défendus !* N'EXPOSEZ PAS aux chances d'un combat singulier DES JOURS que vous avez CONSACRÉS, des jours que VOUS DEVEZ à la *cause populaire !*

« Vous leur avez *courageusement arraché le masque :* DE LA LEURS FUREURS ! ce n'est pas le MOINDRE SERVICE *que vous ayez rendu à la cause nationale.*

« HONNEUR donc ! HONNEUR à votre PATRIOTIQUE DÉVOUEMENT !

MM. FAVARD aîné, CHANU, TESSIER, MARINELLI, CARTIGNY, COUTURAT, BRUÈRE, BOURGEOIS, DELAROCHE. DÉZAMY, *délégués.*

Remarquez bien ce que disent les Délégués signataires : « Ce n'est pas l'*homme* que poursuivait en moi *le National* ; c'est l'*infatigable adversaire des Bastilles....* Et ne puis-je pas dire de même aujourd'hui : Ce n'est pas l'homme que poursuit en moi la Coterie ultrà-communiste ; c'est l'infatigable adversaire des *Sociétés secrètes* et l'infatigable défenseur de la *Famille ?*

Remarquez encore le langage des Délégués : « De si *odieuses provocations* ne sauraient *vous atteindre* ; méprisez-les, *tous les bons Français* vous en conjurent ! » Et les provocations d'aujourd'hui, bien plus odieuses encore, pourraient m'atteindre ! Je n'aurais pas le droit de les *mépriser* comme l'œuvre de méchants et d'infâmes ! Tous les *bons Français* ne me conjureraient pas aujourd'hui comme alors !

Relisez la fin de l'Adresse ! Les Délégués proclamaient que j'ai *toujours* énergiquement défendu les *principes*, que j'ai *consacré* mes jours à la cause populaire, que je *les dois* à cette cause, que j'ai *courageu-*

sement arraché le masque aux embastilleurs (comme je l'arrache à d'autres maintenant), que c'est de là que venaient leurs fureurs (comme c'est de mon énergie contre les modernes Hébertistes que vient leur rage), que j'ai rendu de grands *services* à la cause nationale, et que ma lutte contre les Bastilles et contre les embastilleurs est un grand service rendu à la Nation (comme ma résistance aux Hébertistes d'aujourd'hui n'est pas, j'ose l'affirmer, le moindre des services que j'aurai eu le bonheur de rendre au Peuple).

Et, remarquez-le bien, c'est au nom de la *Démocratie*, de la *morale*, des *principes*, que les Délégués me conjuraient de ne pas exposer ma vie et me disaient, en le répétant : *Honneur*, HONNEUR à votre *patriotique* DÉVOUEMENT !

En vérité, si j'étais susceptible d'un sentiment d'orgueil, le Peuple ne devrait-il pas me le pardonner, quand c'est lui-même qui me parle ainsi? Car quel est l'homme que le Peuple ait mieux traité?

Eh bien ! je le jure à face du Ciel et de la Terre, je n'en tire aucune vanité... Mais n'ai-je pas bien le droit de dire que celui dont parlaient ainsi la Presse libérale et le Peuple mérite au moins quelques égards, surtout de la part de ceux qui ne peuvent invoquer les mêmes titres et les mêmes services, et que, si tous ces antécédents ne sont pas une raison pour ne pas l'accuser et ne pas le condamner s'il devient criminel, ils en sont une du moins pour mettre toutes les présomptions en sa faveur et pour exiger les preuves les plus irréfragables de sa culpabilité.

Et quel est le *rédacteur* de cette Adresse, unanimement adoptée par tous les Délégués, et qui n'est que le résumé de trente autres Adresses? On ne voudra peut-être pas le croire, mais c'est le dernier des dix noms qui l'ont signée, c'est le rédacteur de l'infâme pamphlet, le même qui m'outrage, le misérable... car quelle est l'épithète qui ne soit au-dessous de sa bassesse et de sa méchanceté !...

Mais ce n'est rien encore : écoutez !

A la suite de cette Adresse, le rédacteur ajoute la Note suivante, imprimée avec elle à 10,000 exemplaires :

« L'adresse ci-dessus a été couverte en trois jours de *neuf cent quatre-vingt* signatures; d'autres circulent dans le faubourg Saint-Antoine et autres arrondissements. Celle des quartiers Popincourt et des Quinze-Vingts compte déjà plus de *deux cents* signatures. Toutes ces protestations sont conçues en termes aussi HONORABLES pour M. Cabet, que sévères pour le *National* ; toutes flétrissent les bastilles et le monopole de la presse ; toutes déclarent repousser des rangs démocratiques quiconque invoquerait d'autre duel que le *duel de la raison*. Le chiffre des signatures que nous avons sous les yeux s'élève déjà à plus de *douze cents*, et continue à s'augmenter chaque jour d'adhésions nombreuses. Nous apprenons à l'instant qu'*une foule de lettres collectives* écrites dans le même esprit, et contenant chacune un grand nombre de signatures, ont été spontanément adressées à M. Cabet.

« *Les signataires* de ces diverses protestations, désirant ajouter à leur pensée quelques considérations nouvelles, ont *adopté unanimement* les réflexions qu'on va lire. »

Puis vient, sur le duel à Rome et dans la Grèce, une longue citation, terminée par les lignes suivantes : Pesez bien chaque expression !

« C'est donc ici le lieu de dire : Nous devions déjà à *M. Cabet* PLUS D'UN REMERCIEMENT, pour l'INÉBRANLABLE CONSTANCE, la VIGILANTE FERMETÉ et le *zèle infatigable* avec lesquels il a *toujours combattu dans les rangs* LES PLUS AVANCÉS *de la démocratie*, et dans ces derniers temps surtout, en FIXANT NOS REGARDS sur les *infernales bastilles* et la coalition des rois ! Mais nous lui DEVONS DE NOUVEAUX REMERCIEMENTS et non moins SOLENNELS aujourd'hui pour le *bon exemple* qu'il vient de donner, en répudiant le cartel que le *National* lui présente, et en DÉFENDANT LA LIBERTÉ DE LA PRESSE contre la tyrannie du journalisme.

« Justes appréciateurs de la LOYAUTÉ *politique* autant que réprobateurs inflexibles des monopoleurs de la presse, nous avons cru qu'il était de *notre droit* comme de NOTRE DEVOIR d'intervenir dans cette occasion, pour donner une *parole d'encouragement* à un vrai DÉFENSEUR DU PEUPLE, résolus désormais de ne plus imiter dans leur FUNESTE INGRATITUDE *les prolétaires* de l'ancienne Rome, qui PERDIRENT *à jamais leur république*, en ABANDONNANT *aux vengeances des aristocrates* leurs plus ILLUSTRES TRIBUNS ! — Aussi, pour RÉSUMER en terminant les protestations ardentes qu'ils ne cesseront jamais de faire entendre, les ouvriers de Paris répèteront-ils avec force : « Guerre au « *monopole* de la presse ! Abolition de la peine de mort ! Point de *bas-* « *tilles* ! Honte aux provocateurs du *duel!* HONNEUR A M. CABET ! ! ! » Car, nous le répétons hautement, nous autres prolétaires, dont le cœur ne faillira point au jour du danger, il y a *plus de vrai courage* à savoir braver et *fouler aux pieds des* PRÉJUGÉS *séculaires* qu'à se baigner de sang-froid dans le sang d'un frère !

Eh bien, l'infâme n'a pas honte d'accuser aujourd'hui de girouettisme et de palinodie le même homme dont il déclarait l'*inébranlable constance* digne des solennels remerciements du Peuple ! Il ne rougit pas d'accuser de n'être mu que par la jalousie et l'envie le même homme dont il proclamait la *vigilante fermeté*, le *zèle infatigable*, et le courage à combattre perpétuellement dans les rangs *les plus avancés de la Démocratie !* Il pousse l'impudence jusqu'à ne reconnaître aucune espèce de mérite au même homme auquel il adressait de *solennels remerciements* pour une foule de services capitaux ! Il pousse l'outrage jusqu'à traiter de *Robert-Macaire* politique le même homme dont il proclamait la *loyauté politique !* Et le vilain, s'il n'était pas conspué et sifflé, exposerait le Peuple d'aujourd'hui au reproche d'*ingratitude*, lui qui disait que les prolétaires Français me devaient une parole d'encouragement pour ne pas imiter les prolétaires de Rome dans leur *funeste ingratitude* envers leurs défenseurs !

Pour terminer sur ce sujet, j'ajoute que cet homme a commencé ses rapports avec moi en m'adressant, en 1840, une brochure sur laquelle il avait écrit *témoignage de* CONSIDÉRATION ; qu'il a terminé ses relations par une lettre du 18 février 1842, dans laquelle il me priait d'agréer ses RESPECTUEUX HOMMAGES; enfin, que quelques mois après, tout récemment, dans la troisième livraison de son *Code*, il a dit :

« M. Cabet n'a *rien de commun* avec ces mesquines *vanités* qui hésitent à revenir d'une première opinion, alors même qu'elles ont connaissance de solutions meilleures. *Personne plus que moi*, à cet égard, N'ESTIME LE BON ESPRIT de M. Cabet. »

Et c'est quelques jours après que tout change et que cet insensé, cette espèce de fou furieux, accumule contre moi plus d'invectives, d'outrages, de calomnies, que n'en inventa jamais la Police...! De tout le Genre humain il est (ainsi qu'un de ses complices qui me jurait amour, vénération et dévouement éternels), le dernier qui devait m'attaquer, et il est le premier et le seul qui tente de m'assassiner...!

Car, écoutez quelques-uns de ses principaux outrages.

Quelques principaux outrages du libelliste.

Cet homme ose dire (page 15) que j'ai *offert* à LOUIS-PHILIPPE et à BIEN D'AUTRES, de *délier*, A BON MARCHÉ, *les cordons de leurs souliers*, me présentant ainsi comme un laquais toujours prêt à servir, pour un peu d'argent, Louis-Philippe et tous ceux qui voudraient me payer...!

Je pourrais en rire, comme en rirait *Louis-Philippe* s'il lisait ces saetés, lui à qui, dès le 3 août, dans son cabinet, je disais que j'étais démocrate et républicain, que cependant j'accepterais une monarchie vraiment démocratique et populaire, vraiment représentative, mais que, s'il tournait le dos à la Liberté, *je le combattrais* comme j'avais combattu la *Restauration*, lui qui, le 6 juin 1832, disait à MM. Laffitte Arago, Odilon Barrot : « Puisque j'ai entendu les dures paroles de M. Cabet, je puis bien entendre des personnes qui pourront me faire connaître la vérité avec moins d'*amertume* ; lui qui, le même jour, quand Arago et Laffitte lui disaient que l'Opposition entière était d'accord qu'il fallait conserver une monarchie, mais une monarchie populaire, répondit : « Je suis *charmé d'apprendre* que *MM. Cabet* et *Garnier-Pagès* pensent ainsi ; » lui qui, pendant mon exil, disait (m'a-t-on affirmé), à un député de mes amis, que c'était bien fâcheux que j'eusse mes opinions politiques, mais que j'étais un honnête et brave homme. »

Je pourrais en rire comme en rirait *Louis-Napoléon*, qui vint me voir sept ou huit fois pendant mon exil à Londres, et qui m'aurait très-probablement admis au partage de ses millions, si j'avais voulu servir sa cause !!!...

Je pourrais en rire comme en rirait ce *Président* d'un jury légitimiste, et ce Premier Président de Cour royale, dont le premier, après une de mes plaidoieries, en décembre 1815, disait à l'autre, au nom du Jury composé de nobles, qu'il fallait tout faire pour me gagner à leur cause, et dont le second répondait : « Inutile ! Rien à espérer, rien à tenter ! »

Je pourrais en rire... mais c'est un trait de perversité trop révoltant et trop caractéristique pour que je ne le signale pas sérieusement, en quelques mots. Voici le fait :

Je parlais d'*Arago*; je vantais sa probité, sa moralité, ses talents; je disais que c'était notre plus grande notabilité au dedans et au dehors, l'homme le plus capable de rallier le parti national; que, lié d'amitié avec lui, je l'avais, à mon retour d'exil, pressé, conjuré de donner une direction à l'opinion, pour éviter les fautes qui faisaient la faiblesse du Peuple et amener l'union qui seule pouvait constituer sa force; mais que malheureusement il n'était qu'un illustre savant et nullement un homme politique. J'ajoutais lui avoir dit que, s'il avait voulu rallier et diriger le parti populaire, *j'aurais déliés, s'il l'eût fallu, les cordons de ses souliers,* c'est-à-dire je me serais mis entièrement à sa disposition et à ses ordres, de lui Arago, honnête et pauvre, qui n'avait ni le trésor de Louis-Philippe, ni les millions de Louis-Napoléon... Eh bien ! je le demande, quelle plus grande preuve pouvais-je donner de désintéressement, d'abnégation, de dévouement, de modestie, moi qu'Arago traitait alors comme un ancien collègue et presque un ami, moi qui avais la fierté de m'estimer, pour l'âme, autant que qui ce soit, moi qui, en me rabaissant pour les servir par amour pour l'Humanité, me croyais plus grand que tous ceux auprès desquels je consentais à ne prendre que le rôle le plus subalterne !...

Et quand le misérable pamphlétaire ne devrait trouver là que des motifs de *respect* envers moi, il a la bassesse de tout dénaturer, de ne pas parler d'*Arago*, de qui seul il s'agissait, de ne parler que de *Louis-Philippe* et de bien d'autres dont il n'était nullement question, et de me présenter comme l'être le plus cupide et le plus vil par cupidité !... Et cela après tous les éloges de la Presse libérale et tous les témoignages d'estime donnés par les ouvriers, après ses propres hommages publics et solennels, après avoir dit souvent en particulier : « Je ne connais qu'un homme de dévouement, M. Cabet!!!...

Et cet être n'est pas un infâme menteur, un infâme calomniateur!

Il ose dire (page 16) que c'est moi qui, de ma propre main, ai ajouté, à l'imprimerie, dans l'épreuve de la note rédigée par lui, à la suite de l'adresse des Délégués, ces mots *honneur à M. Cabet !!!* qui se trouvent à la cinquième ligne avant la fin (voir ci-dessus page 5).

Eh bien ! non, je n'ai rien ajouté, rien écrit de ma propre main ! c'est lui, lui-même, lui seul, qui, dans la note, de sa main, spontanément, à mon insu, a écrit ces mots *honneur à M. Cabet*..... Si je les avais ajoutés comme il l'affirme dans la démoniaque envie de me ridiculiser, il aurait donc été un lâche, un valet, en la souffrant ! Et qu'avais-je besoin d'ajouter ces mots ? Est-ce qu'ils n'étaient pas écrits à chaque ligne, oui à chaque ligne, dans tous les articles ci-dessus cités de la Presse libérale, dans toutes les Adresses ci-dessus transcrites des ouvriers, dans sa propre Adresse et dans sa propre Note ?... Est-ce que ce n'est pas lui qui, de sa main, sans prétendre que j'y aie rien touché, a terminé l'Adresse des Délégués par ces mots répétés : *honneur*, HONNEUR à votre *patriotique* DÉVOUEMENT !

Ce reproche est donc un mensonge, une calomnie, une infamie ! C'est un menteur, un calomniateur, un infâme !

Sur un fait grave affirmé par moi dans le *Populaire*, il dit (pages 15 et 16). « Je n'ai qu'*un mot* à répondre : *mentiris impudentissimè;* VOUS MENTEZ TRÈS IMPUDEMMENT. » Quoi ! un mot, de la part de l'infâme suffirait contre moi ! Une simple dénégation d'un misérable suffirait contre mon affirmation ! Ici (oh ! que j'aurais honte si je me mettais en parallèle !) ici, entre lui et moi, il y a un menteur et un infâme..... Et l'on pourrait hésiter une seconde entre un misérable sans antécédents, sans vie connue, convaincu de mensonge et d'imposture, et un homme qui a reçu tant de témoignages d'estime !. . Allons donc ! Etre cru sur parole dans certaines circonstances, c'est la récompense d'une longue vie d'honneur et d'épreuve, c'est l'encouragement à vivre toujours honorablement !...

C'est donc du libelliste qu'il faut dire : *impudent menteur !*

Le libelliste dit (page 7) :

« M. Cabet a la *manie* de la Gérontocratie. Il aime à se désigner comme un *vétéran*, un *vieux soldat*, un *aîné*, un *ancien*, un *vieillard* de la cause populaire; il aime à appeler *les autres écrivains* ses *cadets*, ses *lieutenants*, jeunes gens, jeunes écrivains, etc., etc. Que M. Cabet ait bon courage : *avec tant de titres*, il ne peut manquer d'obtenir bientôt ses *invalides !* »

Tout est ici dénaturé pour faire de l'impertinence, je n'ai point la *manie* ; je ne me suis jamais servi des expressions *cadets* et *lieutenants*; et c'est lui, le pamphlétaire, qui se donnait ou qui se laissait donner (par l'*Humanitaire*) la qualité de *lieutenant*, à mon insu et à mon grand déplaisir... Quand j'ai parlé de mon ancienneté dans la carrière et de la jeunesse de ceux qui m'attaquaient, je l'ai fait à propos, par nécessité, pour montrer l'indécence de leurs attaques, comme le faisait *Camille Desmoulins* contre les jeunes Cordeliers qui critiquaient les anciens. Tout ce que j'ai dit à cet égard est parfaitement vrai; le pamphlétaire et tous ceux qui m'ont attaqué n'étaient pas nés à la politique quand j'étais sur la brèche et blessé depuis plus de vingt ans ; ce sont des conscrits qui n'ont pas vu le feu, qui n'ont pas la moindre expérience, et qui manquent de respect à un vétéran... Et quand l'expérience est si nécessaire partout et surtout en politique comme à la guerre, quand le pamphlétaire a lui-même enregistré mes titres à la confiance, il parle de me donner bientôt les *Invalides* et de me mettre sous la remise !... Ah ! que je le ferais moi-même avec plaisir si je n'étais effrayé de voir le malheureux Peuple exposé à tomber entre les mains d'une petite tourbe de chenapans! Mais je conserve encore assez de vigueur pour apprendre à des blancs-becs à marcher au pas!

Mais quel est donc cet homme? Je vais le faire connaître, pour le réduire à l'impuissance de nuire.

Ma bienveillance et son ingratitude.

Je ne le connaissais nullement quand, en 1839 ou 1840, il m'envoya, comme témoignage de *considération*, une petite brochure intitulée : *Question présentée par l'Académie des sciences morales et politiques.* Quoique cette brochure ne contînt aucun principe communiste et seulement une invocation au Babouvisme et une dédicace à Buonarotti, j'y vis une vague adhésion au système de la Communauté. J'appris ensuite qu'il donnait des leçons de grammaire et qu'il n'était pas heureux. Sa situation, sa mise, son air, m'intéressèrent à lui. Il vint me voir, me demander des conseils et des avis. Il était loin d'avoir l'arrogance d'aujourd'hui, et se montrait au contraire respectueux et même timide. Du reste, comme j'étais absorbé (jusqu'en septembre 1840) par la publication de mon *Histoire populaire*, je le vis très rarement d'abord. Quelqu'un qui connaissait une famille dans laquelle il avait donné des leçons, vint me prévenir qu'on l'avait remercié parce qu'on le regardait comme un original bizarre et même comme un fou. Néanmoins, croyant qu'il valait mieux que sa répution, je continuai à le recevoir avec bienveillance. Plusieurs fois j'entendis des plaintes sur l'exagération et la violence de son langage au dehors : mais il se montrait si rempli de déférence envers moi que j'espérais le calmer, lui donner une meilleure direction, et le rendre utile au lieu de nuisible qu'il pouvait être. Il paraissait adopter mes principes; car, dans sa brochure *Question, etc.*, il approuvait la *Famille* et prêchait si peu le matérialisme qu'il appelait Jésus-Christ un *Dieu* et le Christianisme une Religion *divine*. Il travaillait aussi à répandre le *Voyage en Icarie*. Je lui aurais confié la gérance du *Populaire* avec un traitement d'environ 2,000 fr., si plusieurs personnes à qui je communiquai mon idée ne m'avaient assuré que sa mauvaise réputation nuirait beaucoup au journal. Néanmoins, il manifestait tant de zèle et tant de dévouement que je résolus de l'occuper comme collaborateur, pour faire des recherches et pour me préparer des articles, me proposant de lui offrir 100 fr. et même 150 fr. par mois quand le journal serait *hebdomadaire*. En attendant, je ne voulais rien lui payer, parce que je n'avais rien moi-même pour mon travail et ma responsabilité, et que je faisais même d'assez grands sacrifices d'argent. Mais je le comblai de bienveillance de toute autre manière... Pour le faire connaître, je mis son nom avec le mien sur une brochure importante (chose bien dangereuse et que ne fait aucun écrivain); je mis son initiale sur quelques articles du *Populaire* préparés par lui; je le mis en rapport avec mes correspondants et facilitai la vente d'une brochure qu'il fit; je l'admis dans mon intimité et souvent à ma table; je lui procurai (de son aveu) l'emploi de correspondant d'un journal de département qui lui donnait 120 fr. par mois; je lui en aurais procuré d'autres; et quand un des calomniateurs d'aujourd'hui, Ch., vint me dire qu'il allait être oblig de retourner dans sa famille parce qu'il ne gagnait pas assez pour vivr à Paris, je lui payai (de son aveu encore), en différentes fois, 400 fr qui étaient une véritable perte pour moi. Ma bienveillance était tell que, pensant à prendre un autre logement, je désirais qu'il y eût un chambre à lui offrir. Ma bienveillance pour lui était donc réelle grande, même excessive, même aveugle en quelque sorte; et je me l reproche comme une faute. C'est ainsi que, quelque expérimenté qu'o doive être, on acquiert chaque jour de l'*expérience*, et presque toujour à ses dépens!

Mais enfin l'expérience m'arriva; je le connus mieux chaque jour insensiblement je découvris ses principes d'immoralité et de violence je me refroidis et pris enfin la résolution de l'éloigner. Voici mes mo tifs, tous puisés dans l'intérêt du Peuple comme dans mon juste intér personnel.

Mais auparavant, constatons ses principaux vices politiques ou pu blics, avoués ou prouvés par lui-même.

Quelques-uns de ses vices notoires, ou avoués, ou constatés par lui-même.

PAS DÉVOUÉ. — Il nie le dévouement ou met en doute sa possibilité et prétend qu'il n'y a aucun homme dévoué, par conséquent avoue par là puis avoue formellement qu'il n'est pas un homme dévoué (p. 4 et 13). — Par conséquent cet homme ne se dévouera jamais au Peuple; il n consultera jamais que son intérêt personnel; et si son intérêt est d déserter, de trahir, de provoquer, de vendre....

DÉMAGOGUE EXAGÉRÉ; FLATTEUR DU PEUPLE; COMMUNISTE IMMÉ DIAT ET VIOLENT. — Ecoutez ce qu'il dit (p. 4):

« C'est une *erreur capitale* que de croire que le *concours de la Bour geoisie* soit indispensable au triomphe de la Communauté. Ce n'est pa *au Peuple à se faire Bourgeois*, mais à *la Bourgeoisie à se faire Peu ple*. Les principes, les systèmes, peuvent *suppléer aux hommes*, qu dis-je, ils *enfantent toutes les capacités désirables*; mais les homm ne peuvent RIEN SANS LES PRINCIPES, sans les SYSTÈMES!!! »

Quoi! le concours de la Bourgeoisie n'est pas indispensable au triom phe de la Communauté! Quoi! les prolétaires tout seuls pourraient éta blir triomphalement la Communauté, sans le concours de la Bourgeoi sie, par conséquent malgré elle, en la lui imposant par la force, par l guerre, par le triomphe et la victoire! Quoi! on veut faire croire au ouvriers que les principes et le système du libelliste sont les véritabl principes et le véritable système; que ces principes et ce système sufisent pour rendre chacun d'eux capable d'exercer toutes les fonctions publiques et même d'être ministre; que ces principes et ce système suppléent la Bourgeoisie; que le Peuple n'a pas besoin des Bourgeois; qu'il peut, dès à présent, les traiter du haut de sa grandeur; qu'il peut leur dire sans façon: « Je ne vais pas à vous; venez à moi, suivez-moi, faites-vous Peuple, ou je vous...! »

Et moi j'ai dit, je répète et je soutiens: que c'est là une erreur capitale, une extravagance, une folie, la plus funeste des adulations pour les prolétaires; que jamais et nulle part les prolétaires n'ont rien fait sans l'aide d'une portion de la Bourgeoisie qui fraternisait avec le Peuple; que les prolétaires tout seuls n'ont pas fait et n'auraient pas pu faire les Révolutions de 1789, de 1792, de 1830; que les révolutionnaires les plus dévoués au Peuple et les plus populaires, les Robespierre, les Danton, les Marat, les Saint-Just, les Couthon, les Billaud-Varennes, les Babeuf, les Buonarotti, etc., etc., étaient des Bourgeois, tandis que l'exécrable Tallien était un ouvrier; que dans toutes les révolutions ce sont toujours des Bourgeois qui en ont été l'âme, la tête, la direction, tandis que les prolétaires n'ont été que les bras; que, en prairial et en floréal, les ouvriers ont été joués, trompés, vaincus, écrasés pour un demi-siècle, parce qu'ils marchaient sans la Bourgeoisie et contre elle; qu'aujourd'hui même le Communisme n'existerait pas ou ne serait rien sans des Bourgeois; que ce sont des Bourgeois qui dirigent le Peuple dans les journaux et partout; et que le pamphlétaire lui-même n'est pas un ouvrier, quoiqu'il ait la présomption de se croire nécessaire au salut du prolétaire. — Je soutiens que le Peuple n'est qu'un mot, une illusion, une déception, le néant, tant qu'il n'y a que des individus isolés, sans union, sans direction, sans discipline; que jamais les prolétaires ne feront rien, absolument rien, sans union et sans unité, et même sans le concours de la Bourgeoisie; que l'intérêt des prolétaires n'est pas de repousser la Bourgeoisie en la traitant avec dédain et mépris, avec haine et menace, mais au contraire de faire alliance avec elle, de la ménager, de la gagner. — Je soutiens que l'intérêt commun de la Bourgeoisie et du Peuple est de s'unir, de se confondre, de fraterniser, en déposant toute prévention, toute jalousie, tout orgueil, toute morgue. — Je soutiens que le plus grand ennemi du Peuple est celui qui souffle la division entre les Prolétaires et la discorde entre les Prolétaires et les Bourgeois, tandis que son plus sincère ami est celui qui les exhorte tous à l'union et à la fraternité. — Je soutiens enfin que celui qui plaît le plus à la Police, c'est le démon qui souffle la guerre entre les ouvriers et la Bourgeoisie, tandis que celui qui déplaît le plus au Pouvoir c'est l'apôtre qui conjure les diverses victimes de notre détestable organisation sociale de déposer enfin leurs funestes préventions pour s'unir fraternellement contre leur ennemi commun!... Si l'on annonçait que l'un des deux est soudoyé, quel est celui qu'accuserait la conscience publique?

C'est, dit-on, à la Bourgeoisie à se faire Peuple. — Mais si elle ne le veut pas, si elle a le tort (car j'admets qu'elle aurait tort dans son intérêt) de ne pas le vouloir, que doit faire le Peuple dans l'intérêt populaire, que je veux bien envisager seul ici? Faut-il que le Peuple imite la Bourgeoisie dans son tort et ajoute un *tort populaire* à un *tort bourgeois*? Faut-il deux torts au lieu d'un seul tort? Et la cause populaire n'aura-t-elle pas plus de chances de triomphe en présentant sans cesse à la Bourgeoisie son alliance fraternelle et en conquérant l'estime par son instruction, sa moralité et son union ?

Les *principes* et les *systèmes* sont tout, dit-on, suppléent à tout, enfantent tout... — mais ne sont-ce pas là de grands mots vides de sens, de la charlatanerie, de la poussière qu'on jette aux yeux du Peuple? Les principes, les systèmes! mais quel est le parti, quelle est la secte, qui n'a pas un principe, un système? Et quel est le vrai principe, le vrai système? Est-ce qu'un Dieu, fendant la nue, vient aujourd'hui dire à la Terre prosternée : « Ecoute! *voici le principe, voici le système!* Si le pamphlétaire a un principe, un système, est-ce que je n'en ai pas aussi, et qui sont bien différents? Et ce sont les siens qui sont les meilleurs! Et pourquoi ?... parce qu'ils sont de lui, parce que c'est lui qui les dit meilleurs! Allons donc!!!

Ecoutez le pamphlétaire attaquer toute la *Magistrature* (p. 34) :

« Vous dites que personne n'avait *plus de droit* que vous à la place de Procureur-général. — Mais, Monsieur, vous ne voyez pas que, *plus on mérite* ordinairement aux yeux des *dominateurs bourgeois*, moins on est digne aux yeux du Peuple, et que vous vous donnez à vous-même un *brevet d'incivisme.* »

Peut-on pousser plus loin l'exagération, l'extravagance, la folie, la rage d'exciter le Peuple contre la Bourgeoisie? Quoi! tant que la Communauté ne sera pas établie, est-ce qu'il n'y aura pas des crimes, des assassinats? Est-ce qu'il ne faudra pas des lois, des peines, des tribunaux, des Procureurs-généraux?... Et s'il se trouvait un Procureur-général vieilli dans la défense des accusés, instruit, humain, appelé par l'opinion populaire, développant toutes les vertus du Magistrat, investi de l'estime et de la reconnaissance publiques, sa nomination par les Bourgeois dominateurs n'en serait pas moins un *brevet d'incivisme!!!* Et l'on imprime de pareilles stupidités!!!

Ecoutez le pamphlétaire attaquer le *Jury* (p. 34) :

« Vous dites (M. Cabet) que vous avez eu la *bonne fortune* d'instituer le *Jury* en Corse. — Hérésie! Le Jury est une institution *bourgeoise* et *fédéraliste*, par conséquent la pire de toutes les lois... »

Ainsi, aujourd'hui, avant la Communauté, il ne faut pas de Jurés! Les Juges bourgeois nommés par les Bourgeois, ou les Commissions judiciaires, vaudraient mieux pour le Peuple!!!... N'est-il pas fou, le pamphlétaire?

Ecoutez-le attaquer les *Députés* (p. 35) :

« Vous (M. Cabet) rappelez votre titre de Député... Député ! Mais qui vous avait donné votre mandat ? Toujours l'Aristocratie, et toujours *contre le Peuple*, dont ainsi vous *usurpiez les droits*. Au lieu donc de vous faire un mérite de cette fonction, demandez-lui, Monsieur, demandez-lui plutôt PARDON, au Peuple, de vous être associé pendant trois ans à l'*œuvre bourgeoise.* »

Ainsi, depuis 1789, il n'y a pas un Député, même le plus dévoué au Peuple, qui ne doive demander pardon au Peuple d'avoir servi le Peuple ! Ceux mêmes qui ont péri pour le Peuple étaient coupables envers lui ! Le Peuple lui-même devrait demander pardon, à je ne sais qui, d'avoir adressé à des Députés tantôt ses vœux, tantôt des témoignages d'estime et de reconnaissance ! En vérité, n'est-ce pas honteux d'examiner tant de niaiseries, tant de démence !

Et ce maniaque furieux aspire à diriger le Peuple ! Ah ! oui, il vous dirigerait bien, malheureux ouvriers ! Il vous mènerait loin ! Et cependant, ses déclamations peuvent faire des dupes parmi vous ! Mais je serais un lâche si je ne le démasquais pas, et je le démasquerai !

Ecoutez encore le pamplétaire dire (p. 4) :

« Le *Système* communautaire est trop inflexible pour qu'on puisse le morceler et le subordonner à quoi que ce soit (comprenne qui pourra !). Il ne faut donc point dire, comme le fait M. Cabet dans sa *Ligne droite* (p. 39) : « Je suis *Français*, puis *Démocrate*, puis *Réformiste*, puis *Socialiste*, puis *Communiste*. » Si nous sommes sincèrement et radicalement Communistes, c'est assez ; car la Communauté est l'ensemble de toutes les perfections sociales. »

Cette critique est trop puérile et trop extravagante pour que je veuille y répondre ; mais il ajoute (p. 36) :

« On lit dans votre *Ligne droite* : — Je suis AVANT TOUT *Français*, ensuite je suis *Démocrate*, puis *Réformiste*, puis *Socialiste*, puis enfin *Communiste*. — Veuillez nous dire, Monsieur, pourquoi vous mettez à *la queue* le nom de *Communiste*, au lieu de le considérer comme l'ensemble et le *résumé* de tous les autres ? »

Il déraisonne ; car c'est précisément parce qu'il est, à mes yeux, le complément de la perfection que je le mets, non à la queue, mais au haut de l'échelle.

« Ne craignez-vous pas de froisser, par cette espèce de *nationalisme* QUAND MÊME, nos co-religionnaires en Communauté, Anglais, etc. ? »

D'abord le pamphlétaire a bonne grâce de tant respecter les Communistes étrangers, dont aucun n'adopte son absurde système, lui qui montre tant de fureur contre le système d'autres Communistes français ! Il y a là un mensonge ! — Ensuite, voyez sa loyauté !

Voici le passage de ma *Ligne droite* :

« *Tolérance*, *modération*, *fraternité*. — Personne ne pouvant se croire infaillible, chacun doit tolérer les opinions contraires. Pour moi, autant je méprise une opinion simulée par intérêt, autant je respecte toute opinion sincère ; et je respecte l'opinion des autres parce que je désire que les autres respectent la mienne, parce que la mienne n'aurait aucun droit d'être respectée si je ne respectais pas celle d'autrui. Aussi, voici l'ordre de mes opinions et de mes sentiments : Je suis avant tout *Français*, fraternisant avec tous les Français contre l'Etranger (*si l'Etranger attaque la France ;* car si l'Etranger ne l'attaque pas, je désire que la France *pratique envers lui* la justice et la fraternité); ensuite, je suis *Démocrate*, fraternisant avec toute la Démocratie contre l'Aristocratie ; puis *Réformiste* avec tous les Réformistes, fraternisant avec eux et leur donnant le bras pour obtenir ensemble la réforme politique ; puis *Socialiste*, fraternisant avec tous les Socialistes et leur donnant la main pour obtenir ensemble les réformes sociales sur lesquelles nous sommes d'accord ; puis enfin *Communiste*, résolu à continuer tous mes efforts pour discuter, persuader, convaincre et faire adopter la Communauté... »

Voilà ce que je disais, moi, dans ma *Ligne droite*, et je m'en glorifie en le relisant ; car c'est là, je le soutiens, le langage de la raison, de la prudence, de la fraternité, celui qui peut faire aimer la Communauté en France et dans le monde. Tant pis pour le pamphlétaire s'il pense autrement ! C'est ce qui me porte à le considérer comme un brouillon et un fou ! Mais quand il tronque ce passage et m'accuse de *nationalisme* QUAND MÊME, n'est-ce pas aussi déloyal qu'insensé ?

Ecoutez ce qu'il ajoute, le pamphlétaire !

« Quant à moi, je le répète, je suis Communiste avant tout, par n'importe *quel Peuple*, n'importe *comme*, n'importe à *quel prix* nous *arrive* la Communauté... »

Je sais que le pamphlétaire demande la Communauté immédiatement, par la violence et le sang : mais moi je le lui reproche comme une folie et même comme un crime envers la Communauté ; je soutiens qu'il est un ennemi réel de la Communauté, et qu'il n'est pas un vrai Communiste, parce qu'avec son système de violence et de menace la Communauté n'*arriverait* jamais ; je soutiens que, résolu à combattre toujours ce système de toute mon énergie, je ferai bien autrement de prosélytes à la Communauté !

Ecoutez encore le pamphlétaire (page 36) :

« Mais n'est-ce pas le comble de l'*aberration* (pour M. Cabet) de venir nous dire, par trois ou quatre fois, dans le *Populaire* et dans la *Propagande :* « Nous ne voulons la Communauté *qu'avec la Famille*, nous ne voulons pas la Communauté *sans la Famille...?* N'est-ce pas *sacrifier* absolument *l'accessoire* au *principal ?* »

J'ai donné mes raisons en faveur de la Famille, et j'y persiste : chacun son opinion, chacun son goût ! Moi, j'aime, j'approuve, j'adopte, je veux absolument pour mon compte la Famille ; je ne voudrais pas de la Communauté sans la Famille, parce que je ne crois pas la Communauté parfaite sans la Famille, surtout parce que toute propagande me paraît impossible avec l'attaque à la Famille.

En considérant la Communauté comme le *principal* et la Famille comme l'*accessoire*, je soutiens que l'accessoire est ici tellement lié au principal que l'on n'aura jamais le *principal* ou la Communauté si l'on attaque aujourd'hui l'*accessoire* ou la Famille; et la chose me paraît si évidente, si manifeste, si incontestable, que j'appelle extravagants, fous, ennemis réels de la Communauté ceux, en petit nombre, qui attaquent aujourd'hui la Famille et n'en veulent pas dans la Communauté. C'est moi qui accuse le pamphlétaire d'être hostile à la Famille!

COMPROMETTANT. — Le convoi funèbre du 5 juillet ne nous en fournit que trop facilement la preuve. Le docteur *Bony*, universellement estimé et aimé, officier de la Garde nationale, Réformiste et non Communiste, étant mort subitement, sa Compagnie fut officiellement commandée, en uniforme et en armes, pour lui rendre les honneurs militaires. 1000 à 1200 citoyens, dont environ 200 Gardes nationaux, officiers et soldats en uniforme, la plupart Réformistes, se joignirent au cortége pour honorer sa mémoire en accompagnant son corps au cimetière du Mont-Parnasse. — Beaucoup de patriotes du 12e arrondissement me firent adresser une invitation spéciale. Je priai de m'excuser, parce que tant qu'il n'y aura pas plus d'organisation et d'ordre dans les convois, soit pour le choix des orateurs et la nature des discours, soit pour la marche en revenant comme en allant, pas plus d'union, de prudence et de discipline, ces réunions ne présenteront aucune garantie de sécurité pour personne et seulement des dangers pour tout le monde; les intrigants et les fous s'y glisseront toujours pour exploiter la circonstance et le cadavre; un gamin, un écervelé, un ambitieux, un mouchard déguisé, peut amener une collision sanglante et tout compromettre. — Je le craignais, et c'est ce qui vient d'arriver. Trois longs discours furent prononcés sur la tombe, par trois amis du défunt, dont l'un était médecin comme lui, qui avaient été chargés de faire sa biographie et son éloge, et qui les avaient faits complètement, sans que le Commissaire de police y mît opposition. Tout était calme, religieux, pacifique, et l'on allait rendre les honneurs militaires, lorsqu'un homme inconnu du mort, qui n'était pas invité, qui surtout n'était ni prié ni autorisé à prendre la parole, d'autant moins qu'il est connu pour mépriser la Réforme, la Bourgeoisie et la Garde nationale, commença un quatrième discours parfaitement inutile, dans lequel il flétrit, dit-on, *l'infâme propriété*, ou seulement la *propriété*. Le Commissaire de police défendit à l'orateur de continuer : mais il s'obstina, et le désordre naquit aussitôt.

On prétend qu'une voix (celle d'un fou et peut-être d'un mouchard en bourgeois) cria à bas le Commissaire! — Cependant, le Commissaire insistant, l'orateur cessa, la Compagnie de Garde nationale rendit les honneurs militaires, et la foule s'écoula. — Mais la Garde municipale, à cheval et à pied, qui venait d'être appelée, se trouvait alors rangée à la porte du cimetière. — Que se passa-t-il sur tous les points et de la part de chaque individu? c'est difficile à connaître. Mais quelle folie presque criminelle, si, comme la Police le prétend, une voix a crié *aux armes* ! ou bien, *à bas la Garde municipale ! Vive la Garde nationale !* ou si quelqu'un a provoqué les Municipaux par quelque insulte ou par quelque violence ! Et qui pourrait dire alors que le provocateur ne serait pas un *mouchard déguisé ?* — D'un autre côté, on assure qu'un individu en habit vert a crié à la Garde, *chargez !* que le Commissaire de police a répondu : *Non, il n'est pas encore temps !* qu'un seul Municipal à cheval s'est élancé, sabre nu et frappant ; qu'une grêle de pierres (qui se trouvaient là) arrêtèrent le furieux ; que son sabre, étant tombé, lui fut rendu par un citoyen qui lui dit : *Assez, voilà comme nous nous vengeons !* que la masse était déjà éloignée et qu'il ne restait plus que quelques centaines de citoyens, presque tous Gardes nationaux en uniforme, dont plusieurs tenaient leurs femmes sous le bras, lorsqu'une bande de mouchards, déguisés en bourgeois, mêlés dans la foule, ayant des immortelles à leurs boutonnières, et manœuvrant comme à un signal, formèrent une espèce de cercle, enveloppèrent la queue du convoi, se jetèrent sur les assistants, et les maltraitèrent cruellement ; qu'un capitaine de la Garde nationale fut assommé, traîné à terre par les cheveux ; que ses épaulettes lui furent arrachées ; que deux sous-officiers furent outragés, battus, arrêtés ; et que ce sont précisément ces trois victimes qui faisaient le plus d'efforts pour maintenir l'ordre, tandis que les provocateurs du désordre s'étaient éclipsés ! — Et que de malheurs pouvaient arriver, si la Police avait voulu du sang et de la terreur, si quelque fou ou quelque mouchard avait tiré un coup de pistolet sur la force armée, si celle-ci avait fait feu ! Et quel parti le Pouvoir ne pouvait-il pas tirer de cette collision et de cette apostrophe à la *propriété*, pour épouvanter les électeurs, enlever les votes, achever rapidement les Bastilles et consommer une réaction liberticide !

Eh bien, en admettant que ces violences soient venues de la Police sans provocation, quelque criminelles que soient ces violences, qui peut s'en étonner et qui pouvait ne pas les prévoir ? N'est-ce pas aux citoyens à avoir la sagesse de n'y fournir aucun prétexte ? La première cause de tout cela n'est-elle pas le *quatrième* discours parlant de *l'infâme propriété ?* A quoi bon cette hostilité devant une assemblée Réformiste ? N'était-ce pas vouloir imposer une opinion ? Y avait-il chance de convertir ainsi un seul partisan de la propriété ? Était-ce le moyen de faire aimer le Communisme et de lui faire de la propagande ? N'était-ce pas une injustice et une tyrannie de forcer mille citoyens, venus pour entendre louer les vertus de leur ami, à entendre des théories qui les blessaient et les compromettaient ?

Et quelle faute, quelle imprudence, quelle folie, quel crime même, vis-à-vis le Peuple, de venir ainsi, sans nécessité, sans utilité, à la veille des élections, parler de l'*infâme propriété*, avec la certitude de fournir au ministère le prétexte qu'il pouvait désirer le plus ardemment comme son salut ?

Que pourrait faire de mieux un intrigant qui voudrait à tout prix faire parler de lui, ou un fou, ou un traître? Aussi, beaucoup de citoyens criaient-ils, dit-on, au mouchard, et n'adressaient leurs imprécations qu'à l'orateur, tandis que d'autres citoyens ne voyaient que le despotisme du Commissaire et ne criaient que contre ce Commissaire et ses agents, en sorte que l'orateur avait eu le talent d'allumer la division parmi les citoyens !

Mais, de bonne foi, est-ce que, avec son système et la haine qu'il excite et les périls qu'il enfante, le Pouvoir peut se dispenser d'avoir partout sa police, ses mouchards et ses gendarmes? Est-ce que le Commissaire, qui laissa prononcer les trois premiers discours et même le quatrième tant que l'orateur se bornait à parler du défunt, pouvait, sans se compromettre lui-même, tolérer qu'il flétrit publiquement la *propriété* ! Une fois que le Commissaire avait défendu à l'orateur de continuer, est-ce qu'il pouvait se laisser vaincre par l'orateur, même par la petite bande qui le soutenait, et l'excitait même par la réunion entière ? S'il avait cédé sur ces deux premiers points, est-ce qu'il n'aurait pas été dans la nécessité de céder toujours et de laisser dire et faire tout ce qu'on aurait voulu ? Est-ce qu'un Pouvoir qui se laisserait ainsi vaincre dans un cimetière pourrait mieux vaincre ailleurs et ne consentirait pas à être renversé ? Est-ce qu'il ne serait pas brisé le soir ou le lendemain ? Est-ce qu'il y a un seul Gouvernement, populaire ou monarchique, bon ou mauvais, qui veuille ainsi se suicider ? Et d'ailleurs, est-ce qu'on ne dit pas généralement, à tort ou à raison, que le Ministère veut se conserver à *tout prix* et par *tous les moyens* ; qu'il ne désire rien tant qu'une *émeute*, pour avoir ses élections et ses Bastilles ; et que, quoi que fasse la Police, elle ne fait que son *métier?* En un mot, est-ce que dans la circonstance, flétrir la *propriété* et méconnaître la défense du Commissaire, ce n'était pas vouloir le trouble et l'émeute, ou du moins vouloir fournir un prétexte à toutes les violences de la Police et à toutes les déclamations de ses journaux !

Pour moi, s'il est vrai que le quatrième orateur ait attaqué l'*infâme propriété* ou la *propriété*, je considère cette attaque comme la plus haute imprudence, comme une extravagance, comme une folie, et, tranchons le mot, comme un crime envers le Peuple; car, si le Peuple faisait ses lois, ce n'est pas l'enlèvement d'un morceau de pain par un malheureux affamé qu'il punirait le plus sévèrement, ce serait tout acte politique qui perdrait ou compromettrait l'intérêt populaire: je soutiens qu'il aura le fâcheux résultat de rendre impossibles ou bien difficiles les réunions les plus désirables; et je désespérerais pour longtemps de la liberté si le Peuple, au lieu de prévenir de pareils écarts en les flétrissant, les encourageait et les provoquait par son approbation ou par sa tolérance.

Et remarquez un nouvel inconvénient de l'insensé discours ! A la porte du cimetière, on voulut faire deux *quêtes ;* l'une pour payer les funérailles d'un ami de l'Humanité victime de son dévouement, qui s'était empoisonné par de longs essais faits par lui sur lui-même, pour découvrir la guérison de la terrible *maladie de poitrine*, et qui, par suite de son désintéressement et de sa générosité, mourait assez pauvre pour ne pas laisser le prix de ses obsèques ; l'autre, pour les femmes et les enfants des détenus politiques dévorés par la misère ; deux quêtes pour l'Humanité ! On les tolère ordinairement ; on les aurait probablement tolérées sans le discours ; mais le discours qui a blessé, irrité, inquiété, les empêche en déterminant le Commissaire à les empêcher...!

Eh bien, quel est cet orateur du quatrième discours ? — C'est un intrigant qui se fourre partout et qui a eu l'audace de se faufiler ici, quoiqu'on l'ait publiquement traité de *misérable* quelques jours auparavant. Je le blâme hautement, moi ; mais le pamphlétaire fait cause commune avec lui, le loue, l'approuve, et dit qu'il en ferait tout autant que lui à la première occasion !

Il le fera, car, que de fois ne l'a-t-il pas déjà fait ! Il l'a fait au banquet Réformiste du 12e arrondissement à la barrière du Mont-Parnasse, où, malgré le président (M. Thomas) et la Commission, et partie des convives, il lut un toast à la Communauté, dans lequel il parlait de *caverne de voleurs*, et qui faillit exciter les plus déplorables luttes entre Démocrates ; — au cimetière de Saint-Mandé, où ses vociférations au milieu des tombeaux faillirent le faire assommer par les amis de Carrel ; — au procès des Réformistes et des Communistes devant la Cour royale, où il se fit arrêter quelques heures pour avoir distribué, à l'audience, un imprimé politique qui pouvait indisposer les Juges, et qui peut-être a contribué à leur sévérité contre son ami M. Pillot.

Voilà l'homme, le plus compromettant des hommes, assez adroit néanmoins ou assez heureux pour n'être jamais compromis ! — Voyons maintenant pourquoi je l'ai éloigné.

Pourquoi je l'ai éloigné.

Je l'ai éloigné par un grand nombre de raisons : — 1° Parce que c'est un *ignorant* qui ne sait ni l'orthographe ni la ponctuation, et qui me faisait perdre beaucoup de temps à corriger ses écrits ; parce qu'il écrivait si fin, malgré mes recommandations réitérées à cause de mes mauvais yeux, qu'il me donnait beaucoup de peine, m'occasionnait beaucoup de fatigue, et me faisait encore perdre un temps précieux pour déchiffrer son écriture, couverte d'ailleurs de ratures, d'interlignes, de surcharges et de renvois sans ordre. Cela pourra paraître une minutie à ceux qui n'écrivent pas ; mais c'était un inconvénient immense dans ma position, étant toujours fatigué, pressé, ne pouvant accepter ses œuvres de confiance, étant toujours obligé de les lire afin de n'être pas compromis par lui. Chacun son goût! Que ceux qui se plaisent à l'avoir pour collaborateur le prennent! Pour moi, je n'en voudrais pas pour rien, et quand même on me paierait!

2° Je l'ai éloigné, parce que c'est un discutailleur et un disputailleur qui venait me fatiguer de discussions étrangères et inutiles quand j'étais le plus pressé, parce qu'il ne sait pas parler ni s'expliquer, parce que je ne connais point de conversation plus fatigante quelquefois. Dans certains moments, comme si sa tête était un chaos, il ne peut pas trouver le mot propre, et substitue le mot *chose* à tous les substantifs, tous les adjectifs, tous les participes et tous les verbes ; il dira par exemple : J'ai lu une *chose* bien mal *chosée :* je *choserais* bien mieux.

3° Je l'ai éloigné, parce qu'il est d'un désordre et d'une distraction tels qu'il m'égarait des papiers qu'on m'avait confiés, et que je lui avais confiés moi-même pour qu'il m'en rendît compte. Un jour, il va chez lui pour rédiger un article dont j'avais besoin à l'instant ; il me l'apporte et met la main dans sa poche pour me le donner ; mais il l'a perdu en route ! Un autre jour, il va toucher un billet qu'il venait de recevoir après l'avoir attendu avec impatience ; mais il le perd avant d'arriver chez le payeur !

4° Je l'ai éloigné, parce qu'il aurait continuellement compromis le *Populaire* et moi, par son exagération, sa rudesse et sa violence, si j'avais inséré ses articles sans les lire et les corriger. Il n'est pas un de ses articles auquel je n'aie été obligé de retrancher ou d'ajouter.

5° Je l'ai éloigné, parce que je me suis aperçu que c'était un ambitieux, un intrigant, qui ne manquait aucune occasion de s'insinuer au milieu des ouvriers, qui s'introduisait partout, pour faire parler de lui, pour flatter, caresser, et pour acquérir quelque influence.

6° Je l'ai éloigné, parce que j'ai découvert qu'il était ultrà-Communiste, Communiste immédiat, partisan des Sociétés secrètes et de la violence, voulant imposer la Communauté par la force, ennemi de la Famille, quoiqu'il dissimulât avec moi et défendît mes doctrines contre l'*Humanitaire.*

7° Je l'ai éloigné, parce qu'il avait des liaisons suspectes avec plusieurs hommes très-suspects ; et j'ai presque tremblé lorsque, récemment, j'ai appris qu'on accusait généralement d'être depuis longtemps un traître, un jeune homme, toujours bien mis, oisif et dépensier, sans qu'on lui connût aucun moyen d'existence, nommé D...., que je ne connaissais pas, qu'il m'amena le matin du jour fixé pour l'exécution de Barbès, afin de me consulter, et qui aurait pu me perdre s'il était un homme de police et si j'avais dit un mot qui pût me compromettre.

8° Je l'ai éloigné, parce qu'il m'annonça plusieurs fois qu'il avait d'autres projets : dès le mois d'août 1841, fatigué de ce que le *Populaire* ne paraissait pas hebdomadairement, il m'annonça (il l'avoue page 14) qu'il s'était associé ou qu'il allait s'associer avec quelqu'un qu avait des fonds, pour faire un *Pilori commercial*. Puis il me dit, dès le 1er novembre (il l'avoue encore) que, si le *Populaire* n'était pas hebdomadaire en janvier, il quitterait Paris pour se retirer dans sa famille en Vendée. Puis, il m'annonça qu'il avait retenu sa place et qu'il partait un *vendredi*, quoique tout le monde sût qu'il n'avait pas d'argent, ni pour payer ses dettes ni pour faire le voyage, et que c'était un mensonge ou une ruse (probablement pour voir si je l'engagerais à rester en lui donnant un traitement). Puis, il m'annonça qu'il avait écrit ou qu'il allait écrire à Madame Gaty de Gamont, à Citeaux, pour lui offrir de rédiger pour elle un journal phalanstérien, ajoutant qu'il me donnerait la *préférence* si je voulais lui assurer un traitement.

9° Je l'ai éloigné, parce que ses principes d'immoralité me révoltaient et m'effrayaient. — Ainsi j'ai appris que, hors de ma présence, il prêchait le matérialisme avec ce qu'on lui reproche de plus dangereux, moins le dévouement et la morale d'où la conséquence qu'il trahirait, etc, si son intérêt était de trahir, etc. — Ainsi, en fondant le *Pilori*, il voulait organiser (il l'avoue p. 14) une bande de 2 à 300 prolétaires, (portiers, garçons, commis, caissiers, dans les grandes maisons de banque et de commerce) pour connaître et publier tous les secrets de ces maisons quand elles ne voudraient pas financer pour acheter le silence. C'étaient l'espionnage et la trahison organisés par spéculation : la Police ne fait rien de pire ; jamais Pilori ne fut plus odieux ! — Ainsi, il disait que chaque Parti devait nourrir ses écrivains, et que le patriote qui ne pouvait être admis à travailler dans le *National* pour vivre, avait le droit d'aller écrire dans les *Débats* ou dans *la Presse*. — Ainsi, il aurait écrit pour Mme Gaty de Gamont et les Phalanstériens contre les Communistes, si l'on avait voulu le payer, comme il ne m'aurait certainement jamais attaqué, si j'avais pu lui assurer un sort tolérable : c'est même un malheur ; car je crois qu'il aurait été possible de l'utiliser : mais en réalité c'est, dans toute la force du terme, l'écrivain famélique et vénal. — Ses propos habituels devinrent si révoltants que Chevauché, l'un de ses souteneurs aujourd'hui, menaça de le mettre à la porte.

10° Je l'ai éloigné, parce que plusieurs personnes, dignes de confiance, et qui le connaissaient à peine, vinrent m'avertir qu'il exposait publiquement, dans les cafés, des doctrines qui pouvaient me *compromettre*, par suite des liaisons qu'on lui connaissait avec moi. Je viens d'apprendre, il y a quelques jours seulement, que des propos tenus par lui, à mon insu, il y a 18 mois, avaient été la cause inconnue de la haine et des hostilités de certaine personne contre moi, tandis qu'une autre hostilité violente venait d'une expression insérée par lui dans le *Populaire*, expression qui ne me parut pas blessante et que je ne pus retrancher au moment de l'impression, mais que je n'aurais pas employée si j'avais rédigé l'article.

11° Enfin, je l'ai éloigné, parce qu'il m'a paru un vrai Robert-Macaire. Personne ne flatte plus en réalité les ouvriers, et personne ne parle d'eux avec plus de mépris et de calomnie, les appelant des *pouillards* dont il ferait autant de faux témoins pour 5 francs, les traitant d'ignorants dont aucun n'est véritable communiste, leur jetant à la face des citations et du *latin* qu'il ne sait pas, pour paraître savant à leurs yeux, parlant toujours de *science* pour exprimer les choses les plus simples et les plus vulgaires, afin d'éblouir les crédules auditeurs par de grands mots.

Voilà pourquoi je l'ai éloigné.

Voulant rompre avec lui pacifiquement, je l'engageai à dîner avec l'avocat C....., son ami, et une autre personne, afin de m'expliquer en leur présence. L'autre invité n'ayant pu venir, j'ajournai l'explication. — Mais, quelques jours après, de nouveaux avertissements m'ayant été apportés sur ses propos dans un café fréquenté par des élèves en médecine, je lui fis quelques observations quand il vint me voir ; et, quelques jours après, le 18 février, il m'écrivit une lettre pour m'inviter à annoncer dans le prochain numéro du journal qu'il cessait de faire partie de la rédaction du *Populaire* pour *divergence de doctrines*. Sa lettre était terminée par de *respectueux hommages*.

Mais bientôt s'organisa une espèce de cabale entre le *Populaire*.

Cabale contre le Populaire.

J'organisais une Société en Commandite par actions de 100 fr. et coupons de 10 fr. pour la publication *hebdomadaire* du *Populaire ;* je faisais beaucoup de dépenses pour prospectus, annonces, impressions ; j'avais réuni un assez grand nombre d'actions et de coupons, et rassemblé déjà plusieurs fois les actionnaires, lorsque le libelliste alla chercher les adversaires intéressés du *Populaire* et employa tous les moyens pour organiser une Coalition contre le journal et contre moi. Sous le prétexte d'établir *l'Unité* (comme il le dit page 3), il réunit clandestinement des hommes de *l'Humanitaire*, du *Communautaire*, de la *Fraternité*, de l'ancien *Moniteur Républicain* (journal clandestin qui a fait tant de mal), pour former une *unité* contre moi, c'est-à-dire pour créer une scission, un schisme, une division, puisque, dans beaucoup de circonstances, la masse des Communistes avait publiquement adopté mes principes. — Projetant déjà le journal qu'il annonce, la *Liberté*, pour qu'il y ait, avec la *Fraternité*, *l'Humanitaire* et le *Communautaire*, quatre journaux mensuels paraissant successivement chaque semaine, pour équivaloir ensemble à un seul journal *hebdomadaire*, et par conséquent pour tuer le *Populaire*, il commença à publier par livraisons, de semaine en semaine, un prétendu *Code de la Communauté*, dans lequel il indiqua (ce qu'il disait tout haut ailleurs et ce que répétaient ses camarades) qu'il voulait l'abolition de la *Famille*. Déclarant formellement la Communauté inconciliable avec des Capitales et des Villes, il annonça que j'avais changé d'opinion sur ce point, et que j'abandonnais les villes dans ma deuxième édition d'*Icarie;* il insinua que, dans ma troisième édition, je changerais encore d'opinion sur la *Famille* et que je me prononcerais contre elle.

Dans le numéro d'avril du *Populaire*, je protestai purement et simplement, en dix lignes, contre ce prétendu changement d'opinion de ma part, sans parler de la lettre du 18 février. — Mais, considérant le *Code de la Communauté* comme très dangereux par ses doctrines sur les villes et surtout contre la *Famille*, je crus de mon devoir, en conscience, de publier une brochure, *Propagande Communiste*, dans laquelle je ne nommai pas même le *Code*, et que je consacrai à défendre la *Famille* et à indiquer la réserve et la prudence que je croyais nécessaires pour faciliter la propagande communiste. — Furieux de cette brochure, le libelliste m'accusa formellement, dans la septième livraison de son *Code*, de *fausseté*, de *falsifications*, d'*altérations*, etc., de basse jalousie, etc. — Je me crus obligé alors de publier, dans le numéro de mai du *Populaire*, la lettre du 18 février, et d'expliquer les outrages du *Code* en exposant ma séparation et la cause de sa fureur.

Cependant, tout en m'outrageant ainsi, le pamphlétaire et quelques ultra-Communistes prenaient des *coupons*, dans le but manifeste de venir jeter le trouble dans la Société en Commandite, d'entraver le *Populaire* et peut-être de s'en emparer : mais le piége était trop grossier pour que je ne l'aperçusse pas; sur ma proposition, l'assemblée générale décida 1° que le *Populaire* ne mettrait jamais la Famille en question; 2° qu'il n'y aurait d'actionnaires que ceux qui seraient agréés par le Directeur; et je cessai d'évoquer les ennemis de la *Famille*.

Alors s'organisa, entre une poignée d'ultra-Communistes, une cabale contre le *Populaire*. Il n'est pas d'intrigues, pas de mensonges, pas de calomnies, pas d'infamies qu'on n'ait employés pour me tuer...! J'en rougis pour les ouvriers!!!... Et si l'on connaissait les individus.... J'en ai l'âme navrée, déchirée !... Je ne pouvais pas croire à tant de... ! Il me faut du courage, tout le courage que peut inspirer le dévoûment au Peuple et la passion pour l'Humanité!... Mais je l'aurai ce courage : je périrai ou je triompherai de mes adversaires à force de dévouement, à force de services à la cause populaire, à force de persévérance dans la voie de la raison et de la Fraternité!!!...

Alors fut interrrompu le *Code* et fut lancé le pamphlet qui devait m'écraser et m'enterrer sous ses éclats.... J'en gémis : c'est un mal, un malheur : mais le malheur c'est qu'il y ait dans les esprits des dissidences et dans les cœurs des haines, des projets hostiles ; et quand ce malheur existe, c'est, en réalité, un bonheur qu'il se manifeste pour qu'on puisse y porter remède. Puisqu'on calomniait dans les ténèbres, il vaut mille fois mieux que la calomnie se montre au soleil ; et puisqu'il se forme une petite Secte d'Hébertistes, il vaut mille fois mieux qu'elle se démasque dès aujourd'hui : dès aujourd'hui je vais la combattre ; et je saisis d'abord le pamphlet pour le disséquer....

Réfutation du pamphlet.

En vérité, mon embarras est extrême ! Je n'ai rien lu de plus mal raisonné, de plus illogique, de plus faux, de plus déraisonnable et de plus déloyal en même temps ! Il fait le savant, le profond, ce triste pamphlétaire, quand il se trouve au milieu d'ouvriers trop confiants ; mais je prendrais bien l'engagement de toujours le réduire à l'absurde. Cependant quelques exemples suffiront ; car, pour sortir plus tôt de cette fange de méchanceté, je choisirai les points les plus importants et les examinerai le plus rapidement possible.

Dans son *Avant-propos*, il dit :

« Il faut plus que jamais se hâter de *trouver* un *terrain commun* sur lequel puisse *se réunir* le Prolétariat, et former d'abord, avant de passer outre, sa propre *unité*. »

Et quelques lignes plus haut, il a déjà dit qu'il fallait chrecher l'*unité* même par le *combat*.

Que de niaiseries ! Sans doute, il faut l'*unité*, il faut *chercher* l'unité; mais où et quand la trouvera-t-on ? Si j'avais attendu l'Unité pour faire *Icarie* et pour accélérer la propagande, j'aurais attendu longtemps ! Et puis, qui établira l'unité ? Le libelliste a-t-il pu l'établir avec son *Egalitaire*, qui ne contenait aucun plan et qui n'a pu vivre trois numéros ? Les ouvriers ne m'ont-ils pas invité à faire *le Populaire* pour accomplir la laborieuse *mission* de les UNIR et de les ÉCLAIRER ? Et quoique j'aie accepté cette mission, un jeune écrivain n'est-il pas venu dire : « *Je me lève; riches et pauvres, écoutez !* » L'ex-tonnelier *Charavay* n'a-t-il pas fondé *l'Humanitaire* pour rallier et diriger tous les Communistes ? Le *Communautaire* ne voulait-il pas aussi l'unité à sa façon ? Et quand la masse des Communistes défendent avec moi la Famille, le libelliste prétend établir l'Unité sur l'abolition de la Famille, quoique nous lui répétions que nous ne voulons pas l'Unité sans la Famille !

Le libelliste dit (p. 4) qu'il faut prendre des *garanties* contre tout citoyen, même contre le citoyen *vieilli dans la pratique de toutes les vertus sociales*. Mais une pareille généralité n'est-elle pas une niaiserie ? C'est à l'application qu'il faut arriver ! Eh bien ! est-ce contre moi qu'on veut prendre des garanties ? Serait-il vrai que certains fous disent : « Nous ne voulons pas de l'aristocratie du talent et de la vertu ? » Mais quelles garanties faut-il prendre ? Faut-il outrager, calomnier, tuer ?... Et contre les jeunes, contre les vicieux, les immoraux, ne faudra-t-il aucune garantie ? N'en faudra-t-il pas contre le pamphlétaire ?

Réfutation du § 1er du Pamphlet.

« Vous vous *occupez* de moi dans vos écrits, dit-il (p. 5). Il importe de ne pas laisser égarer par vos ASTUCIEUSES *manœuvres* l'opinion publique... »

Il ne sait pas le français : s'occuper de quelqu'un n'est ni une *manœuvre* ni surtout une *astucieuse* manœuvre.

Racontant la première entrevue, il dit :

« Vous me dîtes que vous étiez *matérialiste*; mais vous me priâtes de n'en *point parler*. Cette confidence n'a pas peu contribué à me *disposer* avantageusement en votre faveur. »

Non, je ne lui ai jamais confié que j'étais matérialiste, et n'ai jamais pu le confier à personne, puisque je ne me suis jamais qualifié ni *matérialiste* ni *spiritualiste*. J'ai toujours consulté la raison, la nature, l'expérience, sans prendre aucune de ces deux qualifications. Il y a là d'abord une question de mots ; il faudrait commencer par bien définir ce qu'est le *Matérialisme*, ce qu'est le *Spiritualisme*. Cette question m'a toujours paru oiseuse, inutile, pour moi et surtout pour des ouvriers. Mais le pamphlétaire n'a pas eu besoin de cette prétendue confidence pour être *disposé* en ma faveur, puisqu'il avait commencé à m'apporter sa brochure comme témoignage de *considération*. Il voudrait aujourd'hui faire croire qu'il traitait avec moi d'égal à égal ! Vanité, mensonge ! Je ne suis jamais allé chez lui, et il venait toujours chez moi ; je le demandais, et il accourait ! Il venait me consulter sur tout; j'avais la bonté de me laisser ennuyer par lui. Ensuite, je l'ai employé et payé à tant par mois. Tous ceux qui l'ont vu chez moi savent qu'il se tenait dans une position subalterne et se montrait très respectueux. — Quelquefois, il essayait timidement de parler matérialisme ; mais je lui montrais du dédain ou lui imposais silence, et il se taisait.

Il prétend qu'on trouve de tout dans mes écrits, du *déisme*, du *spiritualisme*, du *panthéisme*, du *naturalisme*, du *matérialisme*. — Grand reproche, vraiment ! Moi, je trouve que c'est une sottise d'employer ces grands mots avec des ouvriers.

Il prétend qu'il a toujours attaqué la *Famille*. — Pas vrai ! Tout le monde sait qu'il a défendu la Famille contre *l'Humanitaire* dans une réunion de 80 personnes dont a parlé *Charavay* dans sa lettre à *Mey*, saisie et imprimée dans le rapport sur le procès *Quenisset*, lettre dans laquelle Charavay m'appelle le *patron* et appelle le pamphlétaire mon *lieutenant* venu pour combattre la *vraie doctrine*, et qui les combattit en faisant *appel aux préjugés*, en employant des arguments *erronés*, en *sautillant* d'un point à un autre, en couronnant toujours par l'*inopportunité* ses dissertations *assommantes*. (Et en effet, je ne connais rien d'assommant comme ce discutailleur, quand il ne crie pas comme un énergumène ou un possédé du démon). Eh bien ! ici, de deux choses l'une : il défendait la Famille parce que c'était son avis, et alors c'est un menteur quand il parle de ses opinions constantes contre la Famille ; ou il défendait la Famille contre son avis et pour m'obéir, et alors c'était un valet !

Il vante sa première brochure ; c'était quelque chose pour un débutant ; mais je viens de la relire, et je n'y vois rien que du désordre et de la maladresse. Loin de s'y dire matérialiste, il y parle de Jésus-Christ comme *Dieu* et du Christianisme comme Religion *divine*, et loin d'y attaquer la *Famille* et la *Patrie*, il les y défend dans plus d'un passage, notamment dans celui-ci (note de la page 67) :

« Tournez la soif de la gloire à servir les hommes et non à les dominer ; et eussiez-vous l'âme plus ardente que le foyer de l'Etna, la *science sociale* trouvera toujours moyen de la satisfaire. — Un *père* (voilà la *paternité!*), une mère, une *épouse* (voilà le *mariage!*), des *enfants*, un *frère* (voilà la *famille!*) ; qu'il soit en même temps *votre ami* (voilà la fraternité individuelle !) ; la *patrie* (entendez-vous, la *Patrie!*), la gloire, l'humanité, etc., que d'objets pour remplir le *vide d'un cœur* ! »

Est-ce là le langage du *Code* et du pamphlet ? Du reste, personne ne lit cette première rapsodie, que le pamphlétaire annonce partout sans pouvoir la vendre.

Le pamphlétaire prétend (p. 7 et 8) qu'il avait le plan d'un ouvrage communiste, qu'il avait le dessein de le publier en un petit volume, sous le titre de *Voyage à Eden* ; qu'il me communiqua ce plan oralement et en abrégé ; que je lui appris qu'il existait, sur la Communauté, un *grand ouvrage scientifique* en deux volumes (le *Voyage en Icarie*) *déjà imprimé*, sans le nommer et sans dire que j'en fusse l'auteur ; que je lui promis de lui communiquer *incessamment* QUELQUE CHOSE : et il ajoute gravement, sérieusement : « Cette promesse ne fut point tenue. *Pourquoi cela ?* » — Voilà un des crimes qu'il me fait ! Peut-on pousser plus loin l'absurdité ?... Eh bien ! je n'ai aucun souvenir de son plan de *Voyage à Eden*, et je crois qu'il ment. Il disait aussi plus tard qu'il avait un *Code* tout rédigé, et je suis convaincu qu'il n'avait rien rédigé, ni plan de Voyage à Eden, ni Code. C'est un hâbleur qui vantait ou voulait vendre une rédaction future ! Mais j'admets ; et écoutez bien ce que je vais vous apprendre.

Mon *Voyage en Icarie* a été imprimé en 1838 à Paris, sous la surveillance d'une personne chez laquelle je savais que le pamphlétaire était admis pour donner une leçon de grammaire. Là il avait pu voir et je sais maintenant qu'il avait vu, avant mon retour d'exil en mars 1839, mon *Icarie* tout imprimé, mais sans nom d'auteur ; je pouvais soupçonner qu'il l'y avait vu, et craindre que le *Voyage à Eden* en un petit volume ne fût un plagiat et un résumé (déjà fait ou projeté) du *Voyage en*

Icarie ; et si je ne lui ai pas communiqué plus tôt mon ouvrage, comme rien ne m'y obligeait, c'est que je ne le jugeais pas digne de cette faveur, qui pouvait avoir de graves inconvénients.

Il prétend que, en février ou mars 1840, un imprimeur de Tours, M. Pornin, lui offrit d'imprimer son *Voyage à Eden* (ce que je ne crois pas du tout), et il ajoute :

« Je vous fis part de l'offre de M. Pornin. Vous vous *efforçâtes* à me *dissuader* d'aborder de front, pour lors, la question communiste, et vous *réussîtes*... Vous me dites encore qu'après avoir achevé votre *Histoire de la Révolution*, votre *dessein* était de publier un *journal* pour développer et vulgariser les principes de la Communauté, et que, si à cette époque j'étais libre, nous *collaborerions* : ce sont vos paroles expresses. »

Je n'ai aucun souvenir de tout cela, et s'il m'en a parlé, cela m'aura paru si insignifiant que je n'y aurai fait aucune attention ; mais je crois que tout ou presque tout est mensonge. — Si je m'efforçai de le dissuader, je fis très bien et je m'en applaudirais, parce que je venais de *publier* alors, en janvier 1840, mon *Voyage en Icarie* en prenant, avec raison, toutes les précautions que la prudence pouvait m'indiquer, parce que c'était un brouillon et un fou qui pouvait tout perdre. S'il s'est laissé *dissuader*, c'est qu'il l'a bien voulu, c'est qu'il avait pour moi une grande déférence et un grand respect, ou que c'est un homme sans caractère et servile. Si je lui ai parlé d'un *dessein* de faire un journal, je n'ai donc pris aucun engagement pour un projet incertain ! Si je lui ai donné une espérance pour le cas où il serait *libre alors*, il m'aurait donc complètement dégagé puisqu'il a eu l'ambition, la folie, et que presque la déloyauté d'entreprendre son journal *l'Egalitaire* quelques mois après. Je n'ai pu lui dire que nous *collaborerions*, parce que je n'ai pu me servir d'une expression si barbare. Mais tout est ici imaginaire et faux, comme quand il ajoute :

« Voilà, Monsieur, les raisons qui me *déterminèrent à ajourner la publication* directe de mon *plan d'organisation communautaire*. Vous voyez bien que mes mobiles ne sont ni l'intérêt exclusif ni la *vanité*, comme vous ne rougissez pas de le dire aujourd'hui, quoique, il n'y a pas trois mois, vous disiez tout le contraire. »

Eh bien ! je parierais qu'il n'a jamais rédigé un *Voyage à Eden*, et son Code même n'est pas entièrement rédigé ! — Quant à la *vanité*, il n'en montrait pas avec moi, parce qu'il dissimulait et se résignait comme un petit garçon ; mais maintenant qu'il se démasque, comme le font des valets aussi insolents après que rampants avant, je le déclare le plus vaniteux et le plus présomptueux des hommes. Et voyez comme il se coupe ou se contredit !

« Au mois de *mai* suivant, je vous communiquai le prospectus *manuscrit* de *l'Egalitaire :* vous me fîtes à peu près les mêmes raisonnements pour m'en *détourner*. Je PASSAI OUTRE et *ne vous vis* guère qu'à l'époque du banquet de Belleville. »

Non, il ne m'a pas communiqué le *manuscrit* du prospectus ! S'il me l'avait communiqué, ç'aurait été apparemment pour me consulter, par déférence, par respect ! Mais pourquoi me l'aurait-il communiqué, puisqu'il connaissait d'avance mon opinion contraire et qu'il était si résolu à PASSER OUTRE ? La vérité est qu'il me communiqua le prospectus *imprimé*, quand son parti était pris, quand l'exécution était commencée, quand il ne pouvait plus reculer. Je trouvai sa résolution de faire un journal communiste, prise à mon insu, quand il savait que j'avais le dessein d'en faire un, un acte de présomption, de témérité, de vanité, d'ambition, presque de déloyauté et d'hostilité. S'il m'avait demandé mon avis, je lui aurais dit tout cela nettement et franchement, parce que je n'avais aucune raison pour dissimuler mon opinion ; mais il ne me demanda rien, je ne lui dis rien et me bornai à porter intérieurement mon jugement, bien convaincu d'ailleurs que son Egalitaire ne vivrait pas longtemps. Il est faux qu'il ait cessé de venir me voir ; ce fut lui qui m'apporta (du moins je le crois) les deux numéros qui parurent ; mais certainement il est faux, et manifestement inconciliable avec toute sa conduite, qu'il ait si cavalièrement *passé outre* à ma prétendue opposition. Du reste, je le prends ici dans son propre filet : s'il avait tant de fermeté, tant d'héroïque courage, tant d'indépendance, tant de rudesse même et si peu d'égards, il ment donc impudemment quand il dit que je l'ai empêché de publier son *Voyage à Eden* et que je l'ai déterminé à me sacrifier l'Egalitaire après le deuxième numéro !

« Ce fut quelques jours après l'affaire de Saint-Mandé que vous envoyâtes chez moi M. N.... (aucun souvenir, je ne connais pas N.....) pour me *détacher* d'un projet de *propagande collective* dont on s'occupait alors, mais auquel j'avais déjà, quant à moi, renoncé ; (j'aurais donc eu raison si j'avais cherché à l'en détacher !) Vous me fîtes assurer (non) que vous ne tarderiez pas à fonder un journal hebdomadaire et demander en même temps ma *collaboration* (non, non, puisqu'il faisait son *Egalitaire*, malgré ma prétendue opposition) ; vous me confirmâtes vous-même ces *assurances* (non, impossible), et ce fut la *cause principale* qui me *détermina*, dans l'intérêt de l'*Unité*, à abandonner la publication de l'*Egalitaire.* »

Tout est ici invraisemblable, faux... Je ne lui ai pas demandé sa collaboration, dont je n'avais pas besoin, puisque je n'ai commencé le *Populaire* que sept mois après. Je ne lui ai donné aucune *assurance.* Il n'ose pas dire que je l'ai engagé à cesser l'*Égalitaire !* Si je l'y avais engagé, il m'aurait joliment envoyé promener, lui qui avait si fièrement *passé outre* à ma demande quand il s'agissait de ne pas le commencer ! Maintenant qu'il y avait deux numéros, et qu'il y avait une sorte d'humiliation et de honte à reculer, il aurait été bien autrement crâne ! Il se souciait bien de l'intérêt de l'*Unité*, lui qui l'avait sacrifiée pour commencer l'*Égalitaire* comme il la sacrifie encore aujourd'hui ! N'aurait-il pas, d'ailleurs, pu et dû me répondre qu'il serait toujours temps de cesser l'*Égalitaire* quand le *Populaire* aurait paru, et que, comme *un* TIENS vaut mieux que *deux* TU L'AURAS, il rendrait à la Communauté l'immense service de continuer l'*Égalitaire* jusqu'à l'apparition du *Populaire*, plus de sept mois ! C'est donc un mensonge, une fausseté, une imposture manifeste, quand il affirme que l'espérance de travailler au *Populaire* futur, incertain, éloigné, est une *des principales causes* qui le déterminèrent, lui homme et non pas enfant, à abandonner l'*Égalitaire* ! Non, non ! Il abandonna l'*Égalitaire* par nécessité ; parce qu'il n'avait point d'argent, point d'abonnés ; parce que les rédacteurs ne pouvaient s'entendre ; parce que lui, le pamphlétaire, est le plus ridicule et le plus inepte directeur de journal qu'on puisse imaginer (et il a bien fait là ses preuves de capacité pour diriger un journal !) ; parce que c'était une folie de penser qu'un ignorant, un homme inconnu, un écrivailleur, pouvait fonder un journal, à cette époque, pour unir et diriger la Démocratie et le Communisme, les partis les plus indépendants et les plus susceptibles !

Il dit que je savais qu'il *rédigeait seul l'Égalitaire* — Non ! son prospectus annonce qu'il sera rédigé par lui et par A. A., avocat, T. C., avocat, A. P..., B..., etc., etc., et le premier numéro contient un article signé T. C.

Il me reproche d'avoir *refusé* d'assister au banquet communiste de *Belleville*, le 1er juillet... — Oui, je n'ai pas voulu y assister, quoiqu'on me fît entendre que j'en aurais la présidence, parce que j'avais refusé d'assister aux précédents ; parce que je n'ai pas même voulu assister à celui de Châtillon, malgré l'invitation faite par une nombreuse députation de Gardes nationaux ; parce que je désapprouvais tous les banquets, convaincu qu'ils ne produiraient qu'une fièvre passagère qui serait suivie d'un long affaissement ; parce que je craignais des divisions et des désordres, qui ne se sont que trop réalisés, quoiqu'ils pussent être bien plus graves. Je n'ai que trop bien deviné ! Ah ! que je m'applaudis de ma prévoyance et de ma prudence ! Où en serais-je, que pourrais-je aujourd'hui, si je m'étais imprudemment livré dans ces banquets ! J'ai refusé particulièrement celui de Belleville parce qu'il me paraissait inopportun et trop précipité ; parce que j'ai vu que c'était l'esprit de contradiction, de rivalité, d'hostilité entre certains Communistes et les Réformistes, qui en avait donné l'idée (comme le pamphlétaire l'avoue dans le compte-rendu du banquet), et non l'intérêt réfléchi et prudent de la Communauté ; parce que j'ai cru voir de l'intrigue, de la vanité, de l'ambition, dans quelques-uns des organisateurs du banquet, au lieu de cet esprit d'avenir et de sagesse qui doit déterminer toutes les démarches des directeurs d'un parti naissant ; enfin, parce qu'on ne m'a parlé de ce banquet que quand il était résolu, contre mon opinion, et que, si je n'ai pas la prétention d'usurper aucune direction, j'ai la volonté de ne me mettre à la suite de personne pour tout ce qui me paraîtra mauvais.

Il me reproche d'avoir attaqué le Compte-rendu du banquet, rédigé par lui concurremment avec M. Pillot et deux autres.

« Vous parûtes très mécontent de ce que les prolétaires *se permirent* de planter tous seuls le *drapeau communiste* sans avoir à leur tête quelque *Bourgeois*, quelque *nom connu*... »

Mais d'abord, est-ce que le pamphlétaire, rédacteur de l'*Égalitaire* et d'une autre brochure, et M. *Pillot*, rédacteur de *Ni Château ni Chaumière*, etc., n'étaient pas des *bourgeois* et des *noms connus*? Est-ce que les malheureux prolétaires peuvent jamais éviter un Bourgeois sans tomber dans les mains d'un autre Bourgeois? Et que de fois ils n'évitent un Bourgeois ami et honnête que pour suivre un Bourgeois intrigant et exploiteur! Certainement je n'ai point été blessé de n'avoir pas été consulté : mais certainement aussi j'ai déploré l'aveuglement des prolétaires se confiant à des meneurs qui ne consultaient que leur intérêt, qui sans doute n'étaient pas plus Communistes que l'auteur du *Voyage en Icarie*. N'est-ce pas une chose risible de voir le pamphlétaire et quelques-uns de ses acolytes vouloir planter seuls le drapeau de la Communauté?

Quant au *compte-rendu* rédigé par le pamphlétaire, j'avoue qu'il m'a paru parfaitement ridicule par son exagération, et j'en ai eu honte, moi qui me déclarais Communiste, pour moi et pour le Communisme.

Tout le monde sait bien, en effet, ce qu'était le banquet de Belleville, remarquable du reste par l'ordre qui y a régné; tout le monde sait comment il a été conçu, organisé, composé, dirigé; tout le monde sait qu'on avait recruté tous ceux qui se disaient communistes, qu'il y en avait alors peu de bien instruits, de bien convaincus, de bien solides, et que le banquet comprenait beaucoup de non-communistes venus seulement par curiosité; tout le monde sait aussi que la plupart des toasts prononcés par des ouvriers étaient les œuvres du pamphlétaire. Eh bien! voici ce qu'en dit celui-ci dans le compte-rendu publié :

« Depuis les Aristocrates de la *Quotidienne* jusqu'aux *Radicaux* du *Journal du Peuple*, tous les *conservateurs* sont en émoi : *une ère nouvelle vient de commencer pour le monde*.

« Un fait qui déjà a eu un *long retentissement*, et dont les résultats sont *incalculables*, un fait qui, dans les *fastes de l'histoire*, dominera *tous les progrès* qui s'y sont inscrits jusqu'à ce jour, vient de se passer à Belleville....., L'Ecole égalitaire a pu planter, aux acclamations répétées et plus qu'enthousiastes de tous les assistants, le glorieux drapeau de la *Communauté sociale*. »

Puis, on rapporte les toasts prononcés par MM. Jourdain, William Louis, Dezamy, Comte, Pillot, Pandellé, Villicus Berrichon, Villy, Duval, Rozier, Lionne, Simar, Jules Rozier, Grossel, Lallemand, Selnet, Kienez et Courmont. — On présente les assistants comme pris au hasard et réunis sans connaître le but de la réunion, la Communauté comme proclamée hautement, unanimement accueillie et réalisable aujourd'hui, à *l'instant même*, et les toasts comme rédigés par ceux qui les ont lus.

« Si, dit le rapporteur, on n'y trouve pas de ces phrases de tribune méthodiquement calculées et qui sembleraient quêter des applaudissements, en revanche, on y trouve *beaucoup de bon sens* et de *réflexion*. »

Toutes ces exagérations, ces mensonges, sont misérables, et bien plus nuisibles qu'utiles. De pareils moyens me paraissent indignes de la Communauté, de la cause la plus morale et la plus pure, de la cause la plus vraie, qui n'a besoin que de sincérité pour triompher par la conviction.

Loin de nous l'idée d'envelopper dans notre reproche la masse des assistants de la part desquels tout est toujours sincère et loyal, utile et généreux, et qui ne méritaient ici que des éloges pour leur zèle et pour l'ordre observé par eux, mais qui sont facilement dupes des intrigues des meneurs! C'est aux meneurs seuls que s'adressent mes critiques!

Mais c'est le pamphétaire, rédacteur du compte-rendu, qui m'attaque pour ma critique : écoutez!

« Pour vous, vous vous poserez comme *fondateur unique du Communiste moderne*, disant que, jusqu'à votre venue, il n'y avait encore que des *Babouvistes* et des *Hébertistes*. Dans votre écrit *Comment je suis Communiste*, vous pousserez soit l'*immodestie*, soit l'excellente idée que vous avez de *votre génie*, jusqu'à écrire en toutes lettres ces mirobolantes paroles : « Peut-être vaudrait-il mieux qu'il n'y eût aucun « Communiste, parce que ceux qui le sont *le seraient* également bientôt et parce qu'il existerait probablement entre eux plus d'*unité*. » N'est-ce pas vouloir faire entendre que vos écrits sont le *seul flambeau* de la doctrine et le seul sanctuaire de l'unité? »

Mais d'abord, n'est-il pas de toute évidence que ceux qui sont devenus Communistes en 1834, dès qu'on leur a parlé de Communauté, le seraient devenus également en 1840, si on ne leur en eût parlé qu'alors pour la première fois et que, dans ce cas, il y aurait eu dès le principe plus d'unité? Rien n'est donc plus simple, plus évident, plus incontestable que ce que j'ai dit à ce sujet; il n'y a pas la moindre immodestie de ma part dans cette circonstance, et la critique du pamphlétaire n'est encore qu'une mauvaise chicane. — En second lieu, je n'ai jamais prétendu et ne pouvais prétendre que le Communisme fût mon invention, puisqu'il y a eu des missions de Communistes avant moi, même *Babeuf* et *Buonarotti*, puisqu'il y a eu une foule d'ouvrages sur la Communauté, même celui de Buonarotti. Il n'y a pas même un grand mérite, si l'on veut, à avoir fait mieux que mes devanciers, puisque, venant après eux, j'ai eu l'avantage de profiter de tous leurs ouvrages, comme quelqu'un pourra facilement, sans beaucoup de mérite, profiter du mien pour faire mieux : néanmoins, est-il possible de contester que, avant le *Voyage en Icarie*, il n'y avait en France, à Paris, depuis 1804, que des *Babouvistes* ou des *Hébertistes*; que, dans le procès du

12 mai à la Cour des Pairs, le défenseur de *Barbès* appela la doctrine de celui-ci et de ses co-accusés le *Babouvisme ;* que, dans le *Dictionnaire politique*, M. *Thoré* qualifia cette doctrine de *Babouvisme* ; que cette qualification fut répétée par les journaux; et que, jusqu'à mon *Voyage en Icarie*, les écrits Communistes (ceux du pamphlétaire et ceux du fondateur de la Fraternité) plaçaient la Communauté sous l'invocation du nom de *Babeuf*? N'est-il pas constant que, depuis le *Voyage en Icarie*, l'expression *Babouvisme* et *Babouviste* a été abandonnée et remplacée par l'expression *Communisme* et *Communiste, Communautaire*; que ce *Voyage en Icarie* ne ressemble à aucun ouvrage précédent, même à celui de *Buonarotti;* qu'il est plus complet qu'aucun autre et qu'il donne mieux l'idée de la manière dont une grande nation peut s'organiser aujourd'hui en Communauté? N'est-ce pas un fait qu'il facilite la propagande plus qu'aucun autre écrit; tout le monde le reconnaît, même mes adversaires et mes ennemis? — En troisième lieu, qu'importe aux Prolétaires, à la Communauté, à la Postérité, que le Communisme moderne date de telle année ou de telle autre et vienne de celui-ci ou de celui-là? Est-ce là ce qui fera faire des progrès à la cause populaire et communiste? Est-ce qu'il est possible d'enlever à chaque époque et à chaque homme l'œuvre qui lui appartient? Est-ce que ce n'est pas de la part du pamphlétaire une *question de pure vanité*, lui qui ne voudrait faire dater l'*ère de la Communauté* du banquet de Belleville que parce qu'il y a mis son nom comme membre de la commission, comme rédacteur des toasts et du compte-rendu, lui qui nourrit l'infiniment ridicule prétention de se poser comme un des fondateurs du Communisme et surtout son législateur? Mais il aura beau se remuer et clabauder, il sera toujours plus difficile de composer le *Voyage en Icarie* que d'organiser un banquet, et le *Voyage* aura toujours une bien autre influence que le banquet et ses toasts, que l'*Egalitaire* et le *Code*, que toutes ses violences et ses calomnies!

Lisez, par exemple, cette lettre qui vient de m'être écrite, le 9 juillet, par un homme que je n'ai jamais vu :

« CITOYEN,

« Je suis *communiste depuis* 1834 : à cette époque, où nous n'étions qu'une *vingtaine*, j'ai lu beaucoup d'ouvrages sur la Communauté; mais je n'ai rien lu qui m'ait fait autant de plaisir que votre *Voyage en Icarie*.

« Courage donc, citoyen! continuez votre œuvre de régénération! Vous faites plus de prosélytes maintenant que nous n'en avons fait depuis 8 ans. Ne répondez même pas aux attaques d'une *poignée d'individus* que l'on dirait qu'ils sont payés pour entraver la marche de la Communauté.

« L........., ouvrier. »

Lisez cette autre lettre que je viens de recevoir le 10 juillet, d'un jeune ouvrier qui, il y a quelques mois, m'écrivait une lettre hostile :

« MON CHER CONCITOYEN,

« *Votre ardeur m'anime* et m'engage à vous suivre dans le chemin si pur que vous nous tracez. D abord, ne comprenant pas *votre hardiesse* à répondre au *National*, qui vous combattait alors (1841) et la prenant pour de l'*effronterie* mal placée, *je ne lus plus vos ouvrages;* je ne fis qu'admirer les réponses du *National* sans les comprendre; mais elles m'inspirèrent bientôt et *malgré moi* de l'attention pour vous. Je vous lus donc attentivement et *finis par vous comprendre* lorsque vous publiâtes l'ouvrage intitulé : *le National contre M. Cabet*. Plus tard, je lus les *lettres d'un communiste à un réformiste*, et un germe de raison vint me relever de mon horrible léthargie. Plusieurs ouvrages finirent par me convertir en votre faveur : entre autres, je lus votre *Histoire de la révolution française*, puis votre *Voyage en Icarie*, et c'est surtout à *ce dernier* que je *dus mon changement*.

« P. B........., jeune ouvrier. »

On dit même qu'un de mes plus violents adversaires, intime du libelliste, disait récemment « qu'il donnerait bien un de ses bras pour avoir fait le *Voyage en Icarie*.

Du reste, c'est l'opinion publique qui jugera, et toutes les diatribes du pamphlétaire n'y feront rien. Pour moi, je m'occupe à être utile bien plus qu'à savoir quel rang auront mes ouvrages : mais l'accueil public me dit que, quand même je n'aurais fait que le *Voyage en Icarie*, j'aurais droit à quelque *égard* de la part du pamphlétaire!...

Il m'accuse d'avoir blâmé l'affaire de *Saint-Mandé*, dans laquelle ses vociférations faillirent le faire assommer. — Mais, oui, je l'ai désapprouvé avant, j'ai refusé d'y assister, et je l'ai blâmé après! Et j'ai eu raison! Et je la blâme encore! Quoi, parce que vous êtes irrité contre le *National* et surtout contre M. Marrast, au lieu de les attaquer ailleurs, on profanait la tombe de Carrel et les autres tombes en les transformant en tribune d'accusation contre une partie des auditeurs! On exposerait un cimetière à devenir un champ de bataille entre Communistes et Réformistes! Des spectateurs venus de loin pour entendre l'éloge funèbre d'un ami, on les trompait, on les violentait, on les tyrannisait en les forçant à entendre des paroles de mépris et de haine! Et cela au nom de la Communauté! Et l'on ne voit pas que c'était la compromettre, c'est-à-dire envers la doctrine la plus pure, la plus bienveillante, la plus décente, la plus aimable et la plus respectable quand on sait la faire aimer et respecter! Que le pamphlétaire vante l'affaire de Saint-Mandé, c'est tout simple : mais moi je la déplore comme une faute énorme et comme un contre-sens qui ont bien plus retardé qu'avancé les progrès de la Communauté.

Mais écoutez-le faire le fanfaron!

« Au sujet de Saint-Mandé et de Belleville, nous eûmes un jour, vous et moi, une espèce d'*altercation* où je ne fus pas trop *respectueux* et trop *dévoué*. »

S'il n'a pas été respectueux, tant pis pour lui ! Il n'a été qu'un sot et un impertinent, qui croyait tenir dans sa main le *drapeau* planté à Belleville ! Mais c'est bien vraisemblable, n'est-ce pas? Je suis bien homme à souffrir qu'un pareil être me manque de respect. Je suis bien embarrassé pour ramener un insolent à la raison! C'est un sot mensonge!

Écoutez une autre sottise :

« Votre *Histoire de la Révolution* achevée (en août), au lieu de publier le prospectus d'un *journal Communiste*, vous vous occupâtes à faire des *brochures*. — Je cessai d'aller chez vous. »

Voyez-vous quel crime! L'imbécille! Mais qu'avais-je besoin de tant me hâter d'écrire pour la Communauté, puisque lui, l'Hercule communiste, venait d'en commencer l'*ère* et d'en élever le *drapeau* sur le cadavre de son *Egalitaire*, à Saint-Mandé et à Belleville? Oui, j'ai fait alors mes *six Lettres sur la crise actuelle* et cinq ou six autres brochures, contre Thiers, Guizot, les Bastilles et les embastilleurs, parce que le traité du 15 juillet et les Bastilles me paraissaient alors l'incendie qu'il fallait d'abord s'empresser d'éteindre, parce qu'il me paraissait bien plus utile, bien plus populaire, bien plus urgent d'écrire contre les Bastilles qu'on allait élever, que d'écrire pour la Communauté certainement plus éloignée! Et j'ai bien fait, parce que je ne dois pas écrire comme un enfant, mais comme un homme politique qui consulte toujours l'intérêt et l'opportunité! Et l'empressement des Communistes et même des Réformistes à lire ces brochures me prouvait bien que j'avais raison! Et qui empêchait ce misérable d'écrire alors pour la Communauté, de ressusciter son *Égalitaire* ou de faire un autre journal? Pourquoi donc a-t-il consenti à faire de recherches pour une de ces brochures, au lieu de me témoigner courageusement sa désapprobation? Pourquoi s'est-il amusé à faire lui-même une brochure contre les Bastilles? Est-ce ma faute à moi si les ouvriers n'ont pas acheté sa brochure tandis qu'ils enlevaient les miennes?

« Vous me fîtes *appeler* (c'est toujours moi qui l'appelle, et lui qui vient humblement!), et me parlâtes de *telle sorte* que je *dus croire* que sûrement vous étiez en mesure pour la publication hebdomadaire du *Populaire*. Pourquoi ne m'avoir pas *dit franchement* l'état des choses ! »

Mais pourquoi ne me l'a-t-il pas *demandé franchement*, lui si courageux à *passer outre* à mon opposition relative à l'Égalitaire (voyez ci-dessus p....), lui si peu respectueux après Belleville et Saint-Mandé? Pourquoi ne m'a-t-il pas dit : « Si le *Populaire* hebdomadaire ne paraît pas avant telle époque, ne comptez pas sur moi? S'il n'a pas osé me demander une explication nette et franche, sur ce qu'il lui importait tant de savoir, il était donc, avec moi, timide, humble, plus que respectueux!... Mais il ment encore; il savait bien que je n'avais que des espérances pour le cautionnement de 50,000 fr.; et il courait les chances comme moi, parce qu'il n'avait rien de mieux à faire, prêt à faire un *Pilori* ou toute autre chose dès qu'il le pourrait!

Écoutez ses sottises au sujet de ma brochure intitulée *Opinion des journaux francais et étrangers sur la question d'Orient*, etc., etc., pour laquelle je lui *proposai* de me faire des recherches en dépouillant les journaux; en lui offrant pour toute indemnité de mettre son nom avec le mien sur l'ouvrage et de partager le bénéfice s'il y en avait. Il avoue que je ne lui ai offert que cette double indemnité, et il s'en plaint. Mais cette plainte n'est-elle pas absurde? N'était-il pas parfaitement libre de refuser ma proposition si elle ne lui convenait pas, comme moi j'aurais repoussé son exigence s'il eût exigé de l'argent? Est-ce que je l'ai séduit, influencé, contraint, forcé, lui le *porte-drapeau* de la Communauté à Belleville? Est-ce qu'il n'est pas souverainement ridicule pour ce géant d'aujourd'hui de se faire alors si nain, si petit garçon devant moi, qu'il m'obéissait en quelque sorte pour faire tout ce que je voulais?

Il dit qu'il n'avait pas de *fortune!* C'était une raison pour ne pas accepter s'il pouvait mieux utiliser son temps ailleurs; mais ce n'en est plus une pour se plaindre, puisqu'il a volontairement accepté; et ce n'en était pas même une pour refuser, parce qu'il n'avait rien à faire ou ne voulait rien faire autre? N'avait-il pas d'ailleurs la chance d'un bénéfice, sans courir la chance d'aucune perte, et l'avantage certain et quelque peu précieux de mettre son nom inconnu (malgré tout son mérite) à côté du mien (plus connu malgré mon incapacité), avantage dont il *fait fi* maintenant, mais qu'il appréciait beaucoup alors à moins qu'il ne veuille accepter le rôle d'un valet servile, dissimulé, craintif?

Il prétend qu'il a dépouillé 800 *numéros* de journaux, et que je n'aurais *pas osé entreprendre seul ce travail*.... — 800, c'est de l'exagération: mais j'avoue qu'il en a dépouillé beaucoup et qu'il s'est donné beaucoup de peine; j'avoue que j'aurais renoncé à ce travail s'il eût fallu l'entreprendre seul, comme un architecte renoncerait à construire un édifice s'il était seul pour faire son plan et l'exécuter, pour extraire la pierre, l'amener, la tailler, l'élever, la poser et faire la charpente, la serrurerie, etc.; j'avoue que, pour des recherches et des dépouillements, un jeune homme de ce genre pouvait m'être très utile, nécessaire même, comme à tous les écrivains; j'avoue enfin que son travail aurait mérité son salaire, et que je déplorais vivement d'être trop pauvre moi-même et trop épuisé par mes sacrifices pour avoir la possibilité de le payer. Maudit argent! que je te méprise et te hais pour le déluge de maux que tu verses sur nous; mais que je t'ai désiré souvent pour enrichir les autres et aplanir tous les obstacles qui s'opposent à l'efficacité de mon dévouement ! Ici, par exemple, si j'avais été riche assez pour rétribuer convenablement son travail, ce malheureux qui veut m'assassiner aurait toujours été pour moi respectueux et dévoué ; sous ma direction et dans un rôle secondaire, il aurait pu rendre d'importants services et se distinguer même, au lieu d'être si déplacé, si inutile et si nuisible dans le rôle qu'il ambitionne !

Il prétend que cette brochure est plus son travail que le mien. Dérision ! Est-ce lui ou moi qui a conçu l'idée et le plan et qui a fait la proposition à l'autre ? Quelque pénible qu'ait été son travail de lecture et d'analyse, il n'a fait qu'extraire et ébaucher la pierre ; et c'est moi qui l'ai taillée, posée, ornée, après avoir dressé le plan du bâtiment. J'ai supprimé, corrigé, perfectionné, enchassé... Tout ce qui est de lui est du manœuvre ; tout ce qui est de l'architecte est de moi !

Mais il ajoute quelque chose de bien méchant !

« Il avait bien été question que la solidarité s'étendrait aussi sur les *bénéfices*, que nous devions partager par *moitié ;* mais vous *oubliâtes* d'opérer avec moi le *réglement de ce compte.* J'aime à croire que, comme d'ordinaire, vous y avez été du vôtre, et que vous avez bien voulu ne pas m'initier dans la *perte pécuniaire.* Je ne retirai de cette publication que neuf exemplaires, que je payai à votre caissier, excepté *deux,* pourtant, dont vous voulûtes bien me faire remise. »

Ici, la déloyauté et la malignité passent toutes les bornes ! — La vérité est que la brochure, de six feuilles, m'a coûté 442 fr. d'impression et de papier, pour 700 exemplaires ; que je n'en ai pas tiré davantage parce que les Députés, à qui cette brochure devait être extrêmement utile, ne l'auraient pas achetée, ainsi que le constate une lettre d'Odilon-Barrot à ce sujet ; que j'en envoyai plus de 50 aux journaux libéraux de Paris et des départements, en les donnant et en payant 6 sous de port pour chaque ; que j'en donnai près de 100 à des Députés, à des Pairs, à d'autres ; que je fis aux vendeurs une remise d'un tiers ; enfin que je perdis plus de 150 fr. sur cette brochure, et que le pamphlétaire, qui fréquentait journellement alors mon bureau et qui connaissait mes affaires, le savait parfaitement bien. Je ne réglai pas le compte, parce que la perte était manifeste et que j'ai voulu la supporter seul ! Pourquoi n'a-t-il pas demandé le compte s'il croyait à un bénéfice ? Est-ce qu'il n'avait ni langue ni courage, tandis que j'avais la délicatesse de ne pas lui parler de la perte ? S'il a payé sept exemplaires à mon caissier, c'est à mon insu, et c'est parce qu'il les avait vendus et qu'il en avait reçu le prix. S'il n'a disposé que d'un ou de deux sans les payer, c'est qu'il n'en a pas voulu davantage ; car je lui avais offert d'en prendre pour en donner à ses amis. Et d'ailleurs encore, pourquoi donc avoir gardé le silence alors, quand il crie si fort aujourd'hui ? Mais vouloir me signaler comme un intéressé, un avare, un égoïste, un cupide, c'est révoltant d'indignité ! Il sait bien, lui, que j'écris par passion pour la cause populaire et non par spéculation ; que je cherche avant tout à faire de la propagande ; que je donne une notable partie de mes écrits, comme je lui ai donné mon *Voyage en Icarie* et toutes mes brochures; que je fais des remises énormes ; que je confie souvent la vente de mes ouvrages à des ouvriers sans travail, pour leur procurer quelque gain, en leur donnant toutes facilités pour le paiement ; que plusieurs me doivent des sommes assez fortes, qui sont peut-être perdues ! Il avoue (p. 10) que je lui ai remis 400 fr., quoique la plupart de ses articles ne m'aient pas servi, et que je lui ai *offert* une ou deux fois d'autres sommes qu'il a refusées ! Lorsqu'il m'offrit, en novembre, de travailler pour moi jusqu'à son départ, il me demandait une centaine de francs dont il avait besoin, et je lui accordai 150 fr... ! Il se plaignait même que je donnais mes écrits à trop bon marché !

Il se plaint de ce que, après avoir mis son nom avec le mien sur la couverture, je ne l'ai pas répété à la fin de la brochure. — Misérable chicane ! C'est un oubli, je l'avoue, mais un oubli involontaire et sans aucune importance, puisque son nom était sur la couverture imprimée, puisque la couverture imprimée d'une brochure de six feuilles ne se sépare jamais de la brochure, puisque j'étais intéressé à la conservation de cette couverture attendu qu'elle contenait l'annonce de tous mes ouvrages. D'ailleurs encore, pourquoi donc n'a-t-il pas eu la hardiesse de réclamer alors, lorsqu'il crie sur tout aujourd'hui?

Il prétend que je lui *offris* de publier avec lui les *douze Lettres d'un Communiste à un Réformiste*; qu'il accepta, mais que je ne lui en parlai plus... Et il appelle cela un *manque de foi*. — Mais en vérité, il ne connaît pas la valeur des mots français ! Il n'y avait aucune obligation de ma part à lui offrir aucun engagement réel, même après une offre de cette espèce, toujours essentiellement conditionnelle et révocable. J'en appellerai à cet égard à M. Comte, avocat, dont il invoqua le témoignage, et qui connaît mieux que lui ce qui constitue *l'engagement* et le *manque de foi*. Si je lui avais fait cette offre et si je l'avais révoquée, ç'aurait été parce qu'il m'aurait paru trop *ignorant*, trop *incapable*, trop *compromettant*, trop infatué de *matérialisme*, trop ennemi de la *Famille* et des *villes*, trop *dissident* de doctrines, pour que je pusse avoir seulement l'idée de lui confier une ligne dans un ouvrage de doctrine et de propagande aussi capital que les *douze Lettres sur la Communauté*, qui sont un résumé des principes du *Voyage en Icarie*. L'employer pour faire des recherches et des dépouillements, à la bonne heure ; mais pour composer de la doctrine, allons donc ! Il n'est personne assez identifié d'opinions avec moi pour que j'eusse voulu l'admettre ici comme collaborateur ; et tout le monde sera convaincu que le menteur pamphlétaire ment encore ici.

Il avoue qu'il *travaillait pour moi*; que, par exemple, une fois, je lui ai donné 100 fr. pour qu'il *travaillât un mois entier pour moi*; que ces 100 fr. étaient un prix *convenu par avance*, un *marché* entre nous; qu'il me *vendait* ainsi et me livrait ses articles, mais il se plaint que beaucoup de ces articles n'aient *pas été publiés* par moi quoique *annoncés*, et ajoute :

« Pourquoi les acheter si vous aviez *résolu* de les enterrer? Serait-ce pour *m'obliger*, ou ne serait-ce pas plutôt parce que je *songeais* à publier mon *Code* et que c'était un moyen de m'en *distraire ?* »

Quelle infernale supposition de machiavélisme, que d'ingratitude et de niaiserie! Mais je réponds : — Oui, je lui ai donné plusieurs fois de l'argent et je lui en ai offert deux fois (il l'avoue) pour l'*obliger*, par générosité, par humanité, parce qu'il était et paraissait misérable, parce que souvent on m'a dit qu'il passait plus d'un jour sans manger; et souvent encore je l'ai invité à dîner et à déjeuner par le même motif; et, dans la crainte de l'humilier, j'avais toujours la délicatesse de déguiser la cause de mon invitation, et de l'appeler ou de le retenir sous prétexte que j'avais besoin de lui. Le malheureux! il me forcerait à fuir les hommes et à m'enterrer dans une profonde retraite, si mon amour pour mes semblables n'était pas assez puissant pour faire taire mon indignation, ou plutôt ma douleur! S'imposer tant de privations à soi-même, se résigner surtout à en imposer tant à sa famille, et se voir ainsi méconnu, trahi, outragé! Allons, du courage!... J'espérais aussi que ses articles seraient assez bons pour que je pusse m'en servir : je les aurais alors employés, utilisés (c'était mon intérêt); j'en ai *annoncé* plusieurs dans cette intention, et il m'a été très désagréable de ne pas accomplir l'annonce. J'en ai employé quelques-uns, en les corrigeant, parce qu'ils m'auraient compromis, comme il est arrivé quelquefois, malgré mes précautions. Il m'aurait brouillé avec tout le monde, si j'avais inséré ses articles sans y rien modifier, sans en rien retrancher, sans y rien ajouter! J'ai supprimé les autres, à regret, parce qu'ils étaient mauvais, très mauvais pour moi sous tous les rapports, compromettants, etc.; parce que, pour rien au monde, je n'aurais voulu les admettre dans mon journal; parce qu'il aurait fallu les refaire presque entièrement; parce que j'étais trop pressé pour avoir le temps de les corriger, et parce qu'il m'était beaucoup plus facile et moins fatigant de les composer que de les corriger. Si donc j'ai modifié ou écarté beaucoup de ses articles, c'est sa faute, sa très grande faute, son unique faute, comme c'est la faute et le tort de l'ouvrier quand son travail est si défectueux qu'on est forcé de le mettre au rebut et de le renvoyer lui-même. — Et j'avais incontestablement le droit de tailler, rogner, supprimer; car il avoue qu'il travaillait pour moi *au mois*, comme un commis, comme un employé, qui s'obligeait, moyennant salaire, à faire et à me livrer tout ce qu'il me plairait de lui faire faire; il ne m'a jamais vendu, pour tant, tel ouvrage fait ou à faire, à la condition que je le publierais bon ou mauvais, dans son seul intérêt, comme son éditeur responsable; personne au monde n'aurait accepté un pareil marché, une pareille condition; personne au monde ne peut croire que je l'aurais acceptée ni qu'il aurait pu avoir la folle impertinence de me la faire ! Et d'ailleurs, je taillais, rognais, supprimais, déchirais, brûlais, souvent devant lui, toujours à sa connaissance, sans que le misérable, si insolent aujourd'hui, eût le courage et la pensée de réclamer !

Quant à son *Code*, il *songeait*, dit-il, à le *publier*, et je cherchais peut-être à l'en *distraire*. — Mais comment pouvais-je deviner son *songe*? Il ne m'en a jamais parlé ! Il n'était pas fait alors, puisqu'il n'est pas fait aujourd'hui même ! Ne faut-il pas se nourrir secrètement et habituellement soi-même de pensées bien machiavéliques et bien démoniaques pour imaginer que je ne l'occupais et ne le payais que pour le *distraire* de son *Code !* Et ce *Code* immortel, qui doit être la loi du Monde, faire sa *fortune* et diviniser son nom, il le sacrifiait pour 400 francs et quelques dîners en quatorze mois ! ! ! A-t-on jamais vu rien d'aussi insensé !

Il prétend que je lui faisais croire que j'avais le *cautionnement* et que le *Populaire* allait bientôt paraître hebdomadairement.

« Tantôt c'était un *ex-Deputé de l'Empire*, admirateur enthousiaste de votre *Icarie* et extrêmement riche qui vous offrait 100,000 fr.; tantôt c'était *M. Ledru-Rollin*, tantôt un *autre*, qui devait vous fournir le *cautionnement*. *Je crois* que vous fondiez même quelque espoir sur la *Revue indépendante*. »

Je *crois*, c'est joli ! Il n'y a pas un mot de vrai ni pour *l'ex-Député de l'Empire*, ni pour Ledru-Rollin, ni pour la *Revue indépendante !* Il dénature tout comme le ferait un laquais menteur ou qui n'entendrait qu'à travers le trou de la serrure ! Recevez donc chez vous des employés capables de pareilles indiscrétions, pour ne rien dire de plus! Et puis, le misérable me fait un crime de ce que je n'ai pas 50,000 fr. pour fournir moi-même le cautionnement; de ce que plusieurs fois ce cautionnement promis m'a échappé par suite, soit de manœuvres réformistes (que je connais bien), soit de calomnies semblables aux siennes, soit des répugnances et des craintes qu'inspirent les Communistes de son espèce ! Il me fait un crime de ma persévérance à lutter contre tous les obstacles, à braver tous les désagréments, pour faire un journal désiré par une si grande partie du Peuple ! Et après avoir si longtemps gardé le silence, il crie aujourd'hui dans le but inqualifiable d'empêcher le cautionnement et le journal.

Il m'accuse d'avoir une *politique d'absorption* ; d'avoir souvent *omis* de mettre son nom ou son initiale au bas de ses articles, quoique j'eusse annoncé dans le prospectus que chaque article paraîtrait sous le nom de son auteur. — *Politique d'absorption!* Mais ai-je offert, *oui* ou *non*, au pamphlétaire et à *M. Lahautière*, de mettre, sur deux écrits importants, leurs noms, encore inconnus, avec le mien, que ma *Révolution de* 1830 publiée à 20,000 exemplaires, mon *Populaire de* 1834 tiré à 27,000, ma qualité de Directeur de l'*Association libre pour l'éducation du Peuple*, mes procès, mes luttes à la tribune législative, mon exil, mon *Histoire populaire de la Révolution française* tirée à 6,000, etc., etc., rendaient l'un des *plus connus* dans la Démocratie française? Etait-ce là, *oui* ou *non*, de la jalousie, de l'envie, de l'exclusion, contre de jeunes écrivains, ou de la bienveillance, de la disposition à les aider, à les encourager, à les faire connaître? Qu'on me cite donc un écrivain aussi bienveillant en réalité pour la jeunesse! Et n'est-ce pas un spectacle bien dégoûtant de voir ainsi tourner contre moi ce qui devrait parler haut en ma faveur! N'ai-je pas mis à des articles les noms de *Madame Gay*, *M. Villegardelle*, *M. Laponneraye*? Oui, j'ai annoncé que chaque *article* paraîtrait sous le nom de son auteur et je tenais sérieusement à ce qu'il en fût ainsi, soit par esprit de justice et de fraternité envers les auteurs, soit dans mon intérêt, pour mettre à couvert ma responsabilité; mais il fallait que ce fût un *article* composé par un *auteur*, et non des ébauches comme celles du pamphlétaire, payées par moi, faites pour moi à tant par mois, corrigées ou refaites par moi. J'aurais voulu qu'il me fît des articles dignes d'être signés; j'y aurais mis son nom, comme j'ai mis son initiale à quelques-uns, comme j'ai loué sa Réfutation de *M. Lamennais réfuté par lui-même*, qui me paraissait bien. Si je n'ai pas mis son nom à d'autres articles que j'employais, c'est que c'étaient des articles insignifiants qui ne sont jamais signés ou que j'avais corrigés et refaits.

Il prétend qu'il était l'auteur de l'article sur *Boyer*, dans le no 7 du *Populaire*, que je lui ai *arraché la paternité* d'un de ses enfants, et que c'est, de ma part, un *rapt*. — Mais j'ai donné le plan de l'article, je l'ai payé, corrigé... J'y ai ajouté surtout, au crayon, en allant à l'imprimerie, ces lignes à la fin, qui sont le principal caractère de l'article : « M. *Boyer* a d'autant plus de droits à nos sympathies qu'il est « un simple ouvrier et qu'il joint le rare mérite de la modestie à un « talent réel et à un véritable zèle pour la cause de ses frères. »

Il prétend que j'ai mutilé cet article de Boyer, inséré dans le *Populaire*, en le citant dans ma *Ligne droite*, et que c'est là une *déloyauté*, un *flagrant délit*. — Mais il déraisonne complètement! D'abord, comment pourrait-il y avoir *déloyauté* à son égard, puisque l'article du *Populaire* ne portait ni son nom, ni son initiale. En second lieu, il y a ici une incroyable infamie du pamphlétaire : Ecoutez bien!

Dans la *Ligne droite* (page 56) je répondais au reproche fait par un journal anti-communiste, de vouloir empêcher les ouvriers de parler et d'écrire : je voulus prouver le contraire, et je ne trouvai rien de mieux que de citer les cinq lignes ci-dessus de l'article du *Populaire* sur Boyer. C'était là mon unique but, et pour cela je fis une *analyse* de cet article en six lignes, en indiquant par plusieurs séries de points les suppressions (lisez la *Ligne droite* pour vérifier le fait); puis je transcrivis littéralement ma citation finale. Eh bien! je le soutiens, tout cela est frappant de loyauté, d'exactitude, de logique, et cependant le pamphlétaire crie à la *déloyauté*, au *flagrant délit*! Il est fou, vraiment! Mais il y a plus, c'est lui qui tronque, qui falsifie ma *Ligne droite* dans son pamphlet; car il fait croire qu'il va citer complétement ma *Ligne droite*, et il n'en cite qu'une partie, partie de l'analyse, en supprimant les séries de points; et il supprime la partie essentielle, le passage textuel, la sympathie pour l'ouvrier, le but unique de ce passage de ma *Ligne droite*!!! Ah! que tout cela est misérable!

Il m'accuse d'avoir, dans un article du numéro 8, intitulé *Mercuriale* contre *le Communisme*, en réponse à une mercuriale de l'*Avocat général* Boucly, substitué cette phrase: *Un Procureur général de juillet acceptera* volontiers la discusion avec l'*Avocat général*, à cette phrase rédigée par lui: *Nous accepterons* volontiers, etc.; puis il ajoute:

« Comme si la vérité devait perdre tout son prix, quand, au lieu de venir d'un *ex-Député*, d'un *ex-Procureur-général*, c'est un *simple prolétaire* qui la met en lumière! »

Que de niaiseries, que de bêtises! — 1° Le pamphlétaire, ex-maître de pension, ex-maître de grammaire, n'est-il pas aussi bourgeois que moi? 2° Qui aurait su que l'article était rédigé par lui, par un prolétaire, puisqu'il ne portait ni signature ni initiale? — 3° Sans signature ni initiale les mots *nous accepterons* dans le *Populaire*, ne signifient-ils pas *M. Cabet* (Directeur et Rédacteur en chef du *Populaire*) *acceptera*, et par conséquent un *ex-procureur général acceptera*, puisque rien ne peut empêcher que je ne sois un *ex-procureur général?* — 4° Enfin, la réponse faite par un *médecin* à un *médecin* quand il s'agit de médecine, etc., etc., par un *Procureur général* à un *Avocat général* quand il s'agit de *mercuriale* prononcée devant une Cour, n'excite-t-elle pas plus d'attention et n'a-t-elle pas plus de poids que la réponse faite par un homme étranger à la médecine et aux discussions judiciaires? Nous ne sommes pas encore sous l'influence de la Communauté, mais sous celle d'une vicieuse organisation sociale; il faut, aujourd'hui, prendre les hommes et les choses comme ils sont aujourd'hui.

Qui parle demain à la tribune, demande l'un? — Fulch., répond l'autre. — Je n'y vais pas! — Non, je me trompe, c'est Marie. — J'y cours! — Achetez-moi cette brochure, dit un colporteur. — De qui est-elle? — De Dez. — Gardez-là! — En voici une de Cormenin. — Je l'achète!

Oui, j'ai substitué — « *un ex-Procureur général de juillet acceptera* » à — « *Nous accepterons* » ou à — « *D... prolétaire acceptera*; » — et je soutiens que j'ai eu raison, mille fois raison. Tant pis pour le pamphlétaire s'il a les yeux assez bouchés pour ne pas le voir! — D'ailleurs, nous dirons toujours, pourquoi donc a-t-il eu la lâcheté de le souffrir et de continuer à recevoir de l'argent pour travailler au mois?

Mais je me trompe : Voyez comme il est fier !

« Qui vous dit, s'écrie-t-il en se redressant, que j'aurais accepté la *gérance* du *Populaire ?* »

Il acceptait et demandait même une petite somme pour travailler au mois; et il aurait refusé la gérance ! Mais ne savons-nous pas, par la fable le *Renard et les raisins*, que, après avoir vainement sauté pour saisir des raisins parfaitement mûrs qu'il ne pouvait atteindre, le Renard criait en s'en allant : « *Ils sont trop verts et bons pour des goujats !* »

Parlant de sa brochure, *M. Lamennais réfuté par lui-même*, il dit qu'il avait été *sollicité* par un *grand nombre* de Communistes à la faire. — Mais il avait pris quelques-uns pour un grand nombre, comme il croit qu'il a un grand nombre d'amis dévoués, quoique l'expérience lui ait souvent prouvé le contraire et le lui prouvera de nouveau.

Il dit qu'elle devait être publiée à frais *collectifs*, mais qu'on ne lui tint *pas parole.* — Et il croit qu'on lui tiendra mieux parole à l'avenir!

Il dit que je ne l'avais *guère encouragé* à faire cette brochure, et c'est vrai ; et j'avais raison, parce que je craignais qu'il ne gâtât tout comme souvent; mais il reconnaît que, une fois commencée, je *l'engageai à la finir* (je lui en fournis même le moyen en lui donnant 100 fr. à gagner), ce qui était une grande preuve de bienveillance, contraire à toutes ses calomnies; car si, après avoir interrompu *l'Egalitaire*, il n'avait donné qu'une livraison payée au lieu de *deux* ou trois livraisons promises, il n'aurait jamais pu rien publier, ni son *Code* ni son *pamphlet* .. L'ingrat ! ! ! — Sa rage de m'attaquer va jusqu'à se plaindre que je l'aie engagé à *l'abréger beaucoup.* L'aveugle ! Il n'a pas pu vendre deux livraisons, et il voulait en faire trois ou quatre, avec l'argent des autres ! Il se plaint d'un bon conseil : d'un grand service !

Il m'accuse de n'en avoir pas parlé dans *le Populaire.* — Mais je l'ai annoncée avant son apparition ; et après, j'ai dit que cette Réfutation était *curieuse* et écrasante sous le poids des inconséquences et des contradictions prouvées contre l'écrivain réfuté ! — Il ajoute :

« Les personnes qui vous entourent et qui avaient placé 350 à 400 exemplaires des deux premières livraisons *n'en placèrent qu'une centaine* d'exemplaires de la troisième livraison. »

C'est vraiment inconcevable d'ingratitude, d'exigence et de sottise ! J'ai la complaisance d'envoyer, dans mes ballots, chacune de ses trois livraisons à mes correspondants ; j'ai la bonté d'en embarrasser mon bureau et mes écritures ; on lui fait même des avances qu'il ne rembourse pas ; il occasionne des désagréments par ses distractions et ses oublis ; on lui procure l'avantage d'en vendre 400 exemplaires qu'il n'aurait pas vendus ; et parce que les ouvriers ne veulent pas acheter la troisième livraison qu'ils trouvent sans doute superflue, il oublie tous les services rendus et se plaint quand il devrait remercier!

Il prétend que c'est une chose *contradictoire* et *absurde* de représenter quelqu'un comme *outrageant* et *adulant* à la fois... — Pauvre homme! Il ne sait pas qu'il y a des laquais aussi insolents par derrière que serviles par devant!

Il prétend que ce n'était pas au *Populaire* à attaquer *l'Humanitaire*. — Mais je jugeai, moi, utile et nécessaire à la Communauté d'attaquer les doctrines de *l'Humanitaire* contre la *Famille*, et je m'applaudis de l'avoir fait; car sans cela le Communisme aurait été tué. Quant à lui, c'est lui qui, à la barrière de *Lorillon*, devant cinquante à soixante personnes qui s'en souviennent, a attaqué violemment *l'Humanitaire*, et défendu la *Famille*, *Icarie*, *le Populaire* et moi, disant que discuter aujourd'hui la Famille c'était commencer l'alphabet par la lettre *Z*.

Ici, le pamphlétaire se vante de son projet de *Pilori* commercial destiné à publier les délations et les trahisons de deux ou trois cents domestiques mouchards, dont j'ai parlé ci-dessus, page 30.

Puis, il arrive à son affaire avec *madame Gatit de Gamond*, FOURIÉRISTE enthousiaste, Directrice du phalanstère de Cîteaux.

Dans le n° 2 du *Populaire*, j'avais dit :

« Puis, il *m'apprit* qu'il *venait* d'écrire ou qu'il *allait* écrire à *madame Gatit de Gamond*, à Cîteaux, pour lui offrir de rédiger pour elle un journal *phalanstérien* ou *fouriériste*, avouant qu'il me donnerait la *préférence* si je voulais l'employer dans mon journal communiste. »

Il me répond qu'il regarderait comme une *lâcheté* toute participation de sa part à une propagande inégalitaire, mais que j'ai odieusement *forgé cette fable*, qu'il n'a *ni écrit* ni eu *l'intention* d'écrire, et que je *ments très imprudemment*: mais j'ai déjà repoussé son démenti, page 18, et j'ajoute : Je n'ai pas dit qu'il *avait écrit* ou qu'il *avait l'intention* d'écrire, parce que c'est un fait que lui seul pouvait connaître, et son démenti porte sur cette équivoque, cette escobarderie, cette supposition imaginaire. J'ai dit qu'il m'avait *appris*... et j'affirme (convaincu que, pour tout lecteur impartial la sincérité de mon affirmation n'est pas un doute) j'affirme, dis-je, qu'il m'a effectivemant *appris*..... etc. Mentait-il en me l'apprenant, me trompait-il, dans l'espérance de m'effrayer et de m'amener subitement à prendre un engagement avec lui, je l'ignore; et c'est possible; et je le crois aujourd'hui: Ce qui est certain, indubitable pour moi, c'est qu'il *m'apprit*... . etc. Je crois encore le voir et l'entendre! Il sortait, je le reconduisais, nous étions seuls, et ce n'est que longtemps après qu'il se trouva chez moi avec M. Comte, dont il invoque inutilement le témoignage. Je fus si frappé et si indigné de cette déclaration. que j'en parlai le jour même, peu d'instants après; et cette déclaration m'indigna tellement encore qu'elle fut une des raisons principales qui me déterminèrent à l'éloigner de moi.

Il y a plus: écoutez! Quelque temps après, le revoyant, je lui demandai : Eh bien, que vous a répondu *madame Gatit de Gamond?* — Oh, dit-il, il paraît que leur affaire de Cîteaux va mal : je n'ai pas écrit.....

Il y a plus encore : Écoutez-bien ! M. Dut.... (gendre de M. Ch....,) étant venu avec lui, quelque temps après, pour me dire que les divisions étaient bien malheureuses, et qu'il était urgent de s'entendre, je lui reprochai à lui même, en présence de M. Dut...., qu'il avait dit qu'il *avait écrit à madame Gatit de Gamond*, et il me répondit..... quoi?..... qu'il m'avait dit seulement qu'il *allait lui écrire*, mais qu'il ne l'avait pas fait!... Et je répliquai que *écrire* ou avoir la *pensée d'écrire*, c'était à peu-près la même chose pour la moralité du fait! Ce nouvel aveu, en présence de M. Dut.... me frappa tellement encore que je le racontai peu d'heures après.

Du reste, il a dit, en présence de personnes bien autrement dignes de confiance que lui, qu'il écrirait même dans les *Débats* ou dans la *Presse* plutôt que de mourir de faim!

Aujourd'hui, il prétend avoir dit seulement :

« Si *madame Gatit de Gramond* est sur le point d'avoir à sa disposition *quarante millions*, il est fâcheux qu'elle *ne prenne pas le parti* de changer son *phalanstère* de Cîteaux en *Commune égalitaire*. Dans ce cas, je lui *offrirais bien volontiers mon concours :* »

Mais tout cela est invraisemblable, faux, absurde. —1° Personne n'ignore que le phalanstère de Cîteaux appartient à un riche anglais, M. *Yung*, qui ne veut pas d'égalité, mais qui veut rester maître absolu, et dont *madame Gatit de Gamond* ne fait qu'exécuter la volonté, pour la partie du ménage. — 2° Personne n'ignore que cette dame n'a pas et n'a jamais dû avoir quarante millions à sa disposition. — 3° N'est-ce pas folie de penser que cette dame puisse prendre le parti de *changer son phalanstère* en *Commune égalitaire d'après le plan du Code?* —4° N'est-ce pas folie de croire qu'elle puisse accepter le *concours* du pauvre petit pamphlétaire quand, avec quarante millions, elle pourrait avoir le concours d'une foule de phalanstériens, hommes de talent?

Le pamphlétaire désapprouve ma *Ligne droite* et la considère comme un *inqualifiable pamphlet*, comme un *libelle diffamatoire*. — Mais bien d'autres la jugent tout autrement; plus de 1,600 Communistes l'ont publiquement (et il leur fallait du courage) adoptée comme règle de conduite. Et lui, qui la trouvait si détestable et si nuisible (parce qu'elle désapprouvait les Sociétés secrètes et la violence), a continué de travailler pour moi, chez moi, avec moi, de dîner chez moi, de recevoir mon argent, sans la blâmer jamais!!!...

Mais il se réjouit de m'assommer avec cet *acte d'adhésion* à ma *Ligne droite*, contenant en même temps une Protestation contre toutes les calomnies répandues, pendant le procès *Darmès*, contre les Communistes. Cet acte avait pour but d'arrêter la persécution qui menaçait de flétrir et d'écraser le Communisme. Il adoptait les principes du *Voyage en Icarie*, de la *Ligne droite* et du *Populaire*, défendait la *Famille*, repoussait les *Sociétés secrètes*, *l'émeute* et *l'attentat*. Je soutiens que c'est un des actes les plus louables, les plus honorables, les plus utiles, qu'ait jamais faits aucun parti.

Et voyez comme il s'est fait! C'est un ouvrier, l'un des plus intelligents, des plus courageux, des plus estimables sous tous les rapports, et des plus généralement estimés, qui a pris l'initiative et qui a rédigé le projet d'acte, après avoir consulté quelques amis. Ce projet se terminait par la phrase suivante :

« Frères, nous vous communiquons notre résolution. Si vous ne partagez pas complètement notre sentiment, ne signez pas la présente. Mais si vous pensez comme nous, et si vous vous sentez le courage et la dignité d'hommes, signez. »

On ne proposait donc de signer qu'à ceux qui consentiraient pafaitement. Puis, on réunit vingt camarades ; on leur lut le projet ; ils l'approuvèrent, l'adoptèrent, le signèrent et résolurent de le faire imprimer, à leurs frais, avec leurs vingt signatures, et d'en faire circuler cent exemplaires à Paris et dans les départements pour recueillir des adhésions. — Mais avant d'imprimer, désirant avoir mon avis, ils adoptèrent, signèrent et m'envoyèrent, avec la copie du projet, la lettre suivante :

CHER CITOYEN,

« Nous sommes quelques amis qui croyons devoir vous faire connaître l'impression et le changement d'idées que nous a produits la lecture de votre *Ligne droite*.

« Ne soyez pas étonné que nous vous disions qu'il en était peu parmi nous qui eussent compris l'importance de suivre une marche aussi réfléchie, aussi sûre et aussi ferme que celle que vous venez de tracer à tous les hommes qui cheminent vers le but d'une organisation meilleure. Bien loin d'avoir eu cette pensée, nous adoptions l'idée des Sociétés secrètes qu'enfante inévitablement une Société qui n'offre aux travailleurs qu'une existence de misère et d'humiliations. Honteux et fatigués de croupir si longtemps dans cet état de démoralisation sociale, nous étions nous-mêmes décidés à affronter les plus grands dangers, pensant par là pouvoir mettre plus promptement une fin à tant de malheurs. Mais bientôt, persuadés du contraire par votre *Ligne droite*, nous avons reconnu que le courage civil est le premier qui doit être employé pour faire triompher des principes qui n'ont qu'à être bien connus pour obtenir une approbation générale. C'est avec vous désormais que nous voulons demander l'application de nos principes par la persuasion, la volonté de l'opinion publique et la force de la loi. Ne craignant plus l'intimidation de la police, nous dirons hautement avec vous que nous voulons la Communauté.

« Cher citoyen, recevez nos justes félicitations. Votre *Ligne droite* sera désormais la nôtre, autant pour prêcher nos principes que pour repousser les Bastilles.

« Nous avons jugé nécessaire de rédiger notre résolution et de la communiquer à nos frères pour la soumettre à leur approbation. Nous vous en envoyons copie, en vous priant de l'insérer dans *le Populaire*. Nous l'envoyons également aux autres journaux. Quand nous aurons recueilli des adhésions, nous vous les enverrons.

« FAVARD jeune. — TESSIER. — OUDIN. — SAINT-AMAND. — PIERROT. — ARON. — LEGRÉ. — MASSON. — ADOLPHE. — LECOQ. — HATÉ. — BOURGEOIS. — SAMSON. — CHEVAUCHÉ. — CASTAING. — FAVARD aîné. — PERDOUX. — AMIEL. — GINET. — MILBERT »

Je répondis par la lettre que voici :

« MON CHER AMI,

« *L'Adresse* à vos camarades que vous et vos amis vous m'avez envoyée, me paraît certainement utile ; et je regarderais comme un événement heureux qu'elle fût couverte d'un grand nombre d'adhésions. Ce serait une *ère nouvelle*. Mais il faut que vos amis et vous vous compreniez parfaitement que vous prenez entre vous *l'engagement* de donner à la masse ouvrière l'*exemple* du courage civil, de la patience, de la prudence, de la circonspection, de la dignité, du dévouement, de la moralité, de l'union, de la fraternité, de la tolérance, en un mot, de presque *toutes les vertus*. Alors, vous rendrez un immense service à vos frères et vous ferez plus pour eux que n'ont pu faire jusqu'à présent toutes les voies de la violence. Je sais que ceux d'entre vous que je connais sont disposés à tout ce que je viens de dire ; je ne doute pas que vous ne le pratiquiez tous quand vous vous y serez bien volontairement engagés ; mais il est nécessaire que vous *connaissiez bien la portée* de votre engagement et que vous ne le preniez qu'après mûre réflexion.

« Vous pouvez lire ma lettre à vos amis.

« Agréez et faites leur agréer l'assurance de mon dévouement fraternel.

CABET. »

Tandis qu'on faisait imprimer et soumettre l'Adhésion ou la Protestation, j'insérai les deux lettres ci-dessus dans le N° 9 du *Populaire*, je fis l'analyse de la *Déclaration* ou *Adhésion* ou *Protestation*, j'annonçai que je la publierais dans le numéro prochain, et je fis, pour déterminer à la signer, un long article, qui se terminait ainsi :

« Vous qui avez eu l'idée de la *Protestation* et de la *Déclaration* ci-dessus, demandez des adhésions, et cherchez la *qualité* plus encore que la *quantité*. Puissent les ouvriers qui se distinguent par leurs lumières et leur moralité partager votre opinion et votre dévouement!

« Si nous entrons dans cette voie, alors commencera, nous le répétons, une *ère nouvelle :* alors s'opérera la *réaction* en faveur du Communisme ; alors tombera la calomnie ; alors la Police sera désarmée, tandis que la Bourgeoisie, la Garde nationale, la Presse, rassurées, seront plus bienveillantes pour le Peuple et plus hardies pour forcer le Pouvoir à respecter les droits des citoyens ; alors la *question sociale* sera mise partout à l'ordre du jour ; alors ceux-là mêmes qui n'adopteraient pas le Communisme en entier reconnaîtront qu'il contient une foule d'améliorations possibles, et que les Communistes sont à l'avant-garde sur la route qui conduit au bonheur et à la destinée de l'Humanité ; alors la Réforme pourra prévenir la Révolution. »

Ainsi, je ne me suis pas caché pour appuyer l'acte d'Adhésion; je l'ai adopté, je me suis identifié avec lui, j'ai engagé et exhorté franchement, publiquement, tous les Communistes à le signer. Tous ceux qui pouvaient désapprouver cet acte par une raison quelconque, par exemple parce qu'il était contraire aux *Sociétés secrètes*, ou parce qu'il était trop favorable à la *Ligne droite* et au *Voyage en Icarie*, ou parce que je l'appuyais formellement moi-même, ont été parfaitement libres de ne pas le signer. Quelques-uns ont refusé; un beaucoup plus grand nombre l'ont adopté en parfaite connaissance de cause.

On croira peut-être difficile à l'ennemi le plus acharné de la Communauté, et surtout à un Communiste, de trouver là quelque *manœuvre*, quelque déloyauté : eh bien ! écoutez le pamphlétaire !

« Je me serais *bien gardé* de signer cette Adresse, parce que je *suis loin* de partager la majeure partie des opinions que M. Cabet émet dans sa *Ligne droite.* »

Il n'a pas signé parce qu'il était loin de partager !... Tans pis pour lui ! — Le pamphlétaire ajoute :

« Il faut que l'*envie* et l'esprit de *concurrence* vous *égarent* étrangement pour vous pousser à une pareille *ignominie* (celle de lui reprocher son propos relatif à Mme Gatit de Gamond); mais comment le lecteur pourra-t-il s'en étonner, quand il saura toutes les autres *manœuvres* que vous vous êtes permises, quand il saura que cette fameuse Adresse d'adhésion à votre *prétendue Ligne droite*, de la part de quelques centaines (onze cents) d'ouvriers de Paris a été *rédigée par vous-même*, ÉCRITE D'ABORD DE VOTRE PROPRE MAIN, puis transcrite chez F...., par l'un des porteurs de votre journal et de vos Brochures. J'affirme que j'ai *vu*, vu de mes propres yeux, *touché* de mes mains, fort bien reconnu votre écriture, aussi bien que votre style, quelques efforts que vous ayez faits pour les déguiser. »

D'abord, s'il y avait eu quelque mystère, quelque chose de honteux, on ne lui aurait rien laissé voir ni toucher. — En second lieu, si on l'a laissé voir et toucher, c'était un acte de confiance, et sa révélation d'aujourd'hui serait un abus de confiance ! — En troisième lieu, s'il a vu et touché sans le consentement du maître de la maison, c'est que c'est comme un furet qui porte partout les yeux et la main ! — En quatrième lieu, on ne l'admettait pas dans la maison pour qu'il divulgât ensuite ce qu'il y aurait vu : ce serait un abus d'hospitalité et de confiance ! Il faudrait donc toujours craindre les visiteurs comme des harpies !

Et quand même j'aurais écrit la Déclaration, quand même je l'aurais rédigée, quel crime, quel délit, quel mal y aurait-il eu, si l'acte était essentiellement honnête, moral, prudent, sage, utile à la Communauté et à tous les Communistes? Quelle manœuvre pouvait-il y avoir, puisque l'acte a été soumis à l'approbation des vingt, puis de tous les Communistes (comme le pamphlétaire a rédigé seul l'Adresse au sujet du duel soumise aux dix délégués, page 13), puisque j'ai publiquement et franchement adopté cette Déclaration dans le *Populaire*, en engageant les ouvriers à la signer? Supposons que j'aie rédigé et écrit la Déclaration, que je l'aie publiée dans le *Populaire*, sous mon nom, que j'aie réuni d'abord vingt Communistes pour la signer et pour la faire signer ensuite par tous leurs camarades, est-ce qu'il y aurait eu une signature de moins? Ce n'est pas à moi qu'on peut reprocher de cacher ses actes et ses opinions, de ne pas signer ses œuvres, de ne pas combattre au grand jour, de ne pas jouer cartes sur table! — Eh bien! voici toute la vérité :

Relisez le *Populaire*, nos 5, 6 et suivants : vous le verrez rempli d'attaques et de menaces, de la part du Pouvoir et de la Presse, même libérale, contre les Communistes. M. de Carné sollicitant des procès sociaux, je crus pouvoir et devoir faire tête à l'orage en répondant : « Bien! Persécutez, persécutez! Si les persécuteurs ne manquent pas, les *martyrs* ne manqueront pas non plus! » Cette attitude ne contribua pas peu à soutenir les courages. L'ouvrier qui conçut l'idée de faire une Protestation, *Favard jeune* (il faut le nommer) vint me demander mon avis. — Quoi! Vous voulez vous déclarer Communistes, aujourd'hui, publiquement! — Oui. — Bien; mais si vous avez un procès... — Nous le subirons! — N'avez-vous rien dans votre vie qu'on puisse vous reprocher?... — Rien! autrement, je n'aurais pas accepté l'honneur que vous m'avez fait de me choisir pour un de vos témoins dans le duel proposé par le *National*... — Très bien! Aurez-vous des amis solides et sûrs pour signer avec vous? — J'en trouverai vingt... Nous ferons imprimer à nos frais, et nous proposerons la signature à tous nos camarades... — Combien espérez-vous en obtenir? — Un millier. — Malgré la terreur du moment?... — Oui... — Allez, marchez!

Favard voulait que je rédigeasse. — Je n'ai pas voulu, préférant, comme toujours, qu'une chose venant des ouvriers, fût rédigée par un ouvrier, avec ses propres sentiments, et ses propres inspirations. — Il rédigea un projet et me l'apporta. — Je lui fis des observations qu'il reconnut justes, et il remporta son projet pour le modifier. — Le lendemain, il me le rapporta avec des ratures, des interlignes, des surcharges, des renvois, des fautes d'orthographe et de ponctuation. — Je l'engageai à le recopier à l'instant, chez moi, pour le lire plus aisément à ses camarades et le faire ensuite imprimer. Je voulus lui dicter ; mais comme j'avais peine à lire son manuscrit, pour aller plus vite, et pour que la copie fût plus correctement orthographiée et ponctuée, il me lut son projet, que j'écrivis à la hâte et qu'il emporta chez lui pour le faire copier par l'un de ses associés, qui, comme quinze autres ouvriers, distribue le *Populaire* par dévoûment. C'est alors que le pamphlétaire, qui dénature et empoisonne tout ce qu'il touche et voit, a pu voir et toucher le projet copié ou écrit par moi, mais réellement rédigé et composé par l'ouvrier, puis approuvé et signé d'abord par vingt, ensuite par plus de mille six cents.

Quand *Favard* me rapporta le projet recopié, pourquoi, lui dis-je, n'avez-vous pas signé le premier? — J'aurais cru la chose inconvenante. — Si quelqu'un doit être poursuivi, ce doit être d'abord le rédacteur et par conséquent vous; vous devez signer le premier... — Je signe... — Et vos camarades?... — Je suis sûr qu'ils accepteront avec enthousiasme la persécution... — Bien! mais prévenez-les...

Il les prévint: tous acceptèrent. Mais le lendemain, l'un d'eux, père d'une nombreuse famille, témoignant quelqu'inquiétude, on le remplaça sans le prévenir; et l'on dit qu'il en éprouva du regret.

Quant à moi, je bravai la persécution comme eux, en les approuvant et les encourageant publiquement dans le *Populaire*.

Eh bien! je le soutiens hardiment, l'ouvrier a bien fait; moi aussi j'ai bien fait; tous deux nous avons rendu un grand service; et c'est une indignité de crier à la *manœuvre!!!*

Et cela va bien au pamphlétaire, à lui, rédacteur du compte-rendu du banquet de Belleville, qui louait les toast rédigés par lui en les présentant comme rédigés par ceux qui les avaient lus!

Mais vous allez savoir pourquoi le pamphlétaire crie! Si les ouvriers l'avaient appelé pour rédiger la Déclaration, son amour-propre aurait été flatté; et, quoique partisan des Sociétés secrètes, il l'aurait rédigée avec bien plus d'éloges pour *Icarie* et pour la *Ligne droite*, comme il l'avait fait, soit dans l'Adresse des Délégués, soit à la barrière Lorillon; mais on voulait une rédaction d'ouvriers, sans Note comme celle qu'il ajouta à l'Adresse pour faire briller son érudition en parlant des Grecs et des Romains, et l'on eut l'imprudence de ne pas l'appeler; Chevauché lui-même n'en eut pas l'idée. J'en eus regret; car je prévis les suites possibles. De là sa vanité blessée; de là une haine dissimulée; de là la scission et le pamphlet!... Que de misères! Mais il en sortira du bien!

Ecoutez une autre infamie du pamphlétaire concernant sa Note :

« Vous fites demander à l'imprimerie une *épreuve* (vous qui *deviez ignorer* ce qui se passait); puis *vous vous permites d'intervertir* une phrase, puis d'AJOUTER, de votre propre main, avec trois points d'exclamation : « *Honneur à M. Cabet!!!* »

J'ai déjà répondu (p. 17), et j'ajoute : — Comment, je devais ignorer! Et pourquoi donc? Quel mal y avait-il à ce que je n'ignorasse pas? Etait-il possible d'ailleurs que j'ignorasse? Mais c'est lui qui m'a informé! C'est lui qui a choisi mon imprimerie! C'est lui qui m'a accompagné, quand j'allais pour un autre ouvrage, et c'est lui qui probablement a demandé l'épreuve! S'il me l'a montrée, ou même si je l'ai demandée, c'était de son consentement, pour que je pusse voir s'il n'y avait pas quelque grossière faute d'orthographe ou autre! Si j'avais voulu ajouter ou retrancher, il l'aurait souffert sans mot dire! Mais je n'ai rien ajouté. Je l'ai seulement engagé à retrancher de sa note une digression ridicule sur la Grèce; et il l'a retranchée. Je l'ai aussi engagé à transporter, où ils se trouvent, et où ils me paraissaient plus logiquement placés, les mots *honneur à M. Cabet,* qui se trouvaient à la fin, où ils étaient bien plus saillants. Et c'est là ce dont sa rage de me tuer veut me faire un crime!!! Mais l'ai-je forcé à se rendre complice de ce crime monstrueux? A-t-il fait la moindre observation, la moindre résistance? Quoi! l'aveugle ne s'aperçoit pas que, pour m'insulter, il se donne le rôle d'un petit garçon, d'un petit valet! Mais quand il dit que j'ai ajouté quelque chose, c'est un audacieux menteur!

Il y a plus : si j'avais voulu modifier en rien son travail, j'aurais supprimé toute sa *Note,* par conséquent la belle phrase dont il s'agit, et surtout la longue et brillante annonce d'une brochure qu'il devait faire, parce que cette note était trop longue, inutile, prétentieuse, ambitieuse, écrite seulement dans son intérêt personnel et pour satisfaire la vanité qui le pousse partout et le dirige en tout. J'aurais préféré mille fois l'*Adresse* sans la *Note,* l'Adresse toute seule, qui était l'objet principal, qui n'était pas le sixième du tout, qui aurait coûté bien moins, et qu'on aurait répandue en plus grand nombre. Si l'on avait voulu imprimer autre chose avec l'Adresse des Délégués, j'aurais préféré l'Adresse de l'avocat *Comte,* et celle des ouvriers du faubourg Saint-Antoine. J'aurais préféré même que l'Adresse générale fût rédigée par un ouvrier plutôt que par le pamphlétaire, parce que deux mots suffisaient sur le duel, parce que les ouvriers n'ont pas besoin d'écrivains pour exprimer leur sentiment et leur opinion sur une question si simple, parce que le sentiment pur et sincère des ouvriers, même avec des fautes de grammaire et de style, me plaît infiniment plus que les phrases ampoulées d'un rhétoricien. Mais je me suis fait scrupule de rien changer à son œuvre de vanité, puisque les Délégués l'avaient acceptée... Et c'est lui qui veut me tuer sous le ridicule!

Ecoutez un autre reproche du pamphlétaire. — Dans le N° 2 du *Populaire,* j'avais dit :

« Faire *concurrence* au *Voyage en Icarie,* en attaquant la Famille et les villes, est-ce conforme au *principe* de la Communauté (qui proscrit essentiellement la *concurrence*) et à l'intérêt de la propagande Communiste? »

Voilà ma phrase textuellement, et je la soutiens parfaitement vraie; car il est indubitable que le principe de la Communauté proscrit la *concurrence,* et que, quand le *Voyage en Icarie* est publié depuis deux ans, quand il rallie les Communistes, quand on reconnaît universellement que son système est le plus favorable à la propagande, venir lui faire *concurrence* en composant et en publiant, *deux ans après,* un prétendu *Code de la Communauté,* destiné à circuler, non parmi les savants mais parmi les ouvriers, qui attaque la Famille et les villes, par conséquent le système d'*Icarie,* par conséquent *Icarie,* ce n'est conforme ni au principe de la Communauté, ni à l'intérêt de la propagande.

Je sais bien que les gens superficiels se révoltent de me voir défendre ainsi mon *Voyage en Icarie*, Mais qu'ils veuillent bien réfléchir : est-ce qu'il n'est pas vrai qu'*Icarie* est l'ouvrage qui a paru le premier sur l'organisation communautaire ; qu'il a été bien accueilli ; qu'il facilite la propagande précisément par son système sur la Famille et les villes ? Est-ce qu'il n'est pas vrai que, à la barrière *Lorillon*, le pamphlétaire lui-même défendait *Icarie* comme moyen de propagande et de ralliement ? Est-ce qu'il n'est pas vrai qu'on ferait bien autrement de propagande si, au lieu de répandre plusieurs ouvrages qui se contredisent, se combattent et se discréditent, tous les efforts et tous les moyens se réunissaient sur un seul ? Qu'on préfère le *Code*, si l'on veut, à *Icarie*, mais qu'on adopte un ouvrage pour la propagande, si l'on veut faire avoir de la propagande, de l'union et de l'unité : voilà mon avis ! — Maintenant, j'aurais honte de comparer *Icarie* au *Code :* voilà mon opinion ! et je suis trop franc, j'ai trop la conscience de ne consulter ici que l'intérêt de la Communauté, pour ne pas l'exprimer sans crainte de paraître vain ! — Dira-t-on que je vante *Icarie* parce que c'est mon œuvre ? Je répondrai : non, ce n'est pas parce que c'est mon œuvre que j'approuve *Icarie*, mais c'est parce que j'ai cru l'œuvre utile et bonne que j'ai consacré plus de cinq ans à la composer, que j'ai dépensé beaucoup d'argent pour la faire imprimer, à Paris depuis Londres, et que j'ai tout bravé pour la publier en 1840, après avoir attendu deux ans. Est-ce que, par hasard, sur les millions d'écrivains qui s'impriment, il en est un seul qui croie mauvais l'ouvrage qu'il vend au public ? Est-ce que le pamphlétaire, qui se crispe quand je parle d'*Icarie*, n'admire pas son *Code*, même sa *Question* académique, et ne saisit pas toutes les occasions d'en parler et de les annoncer ? Est-ce que quelqu'un s'indigne de ce que, dans sa *Réponse* au Ministre sur son *Avis aux Contribuables*, Cormenin dise (p. 19 et 21) :

« Vous ne voulez pas d'un pamphlet (ce mot est pris ici pour brochure) dont le Public a enlevé dix mille exemplaires en trois jours, qui vous a percé à vif, et que *toute la France lit ou a lu*, parce que la France aime la vérité... Je ne vous demande pas de reconnaissance pour avoir rendu un *grand service* à mon pays... »

Qu'on ne dise pas que c'est par intérêt d'argent que je prône *Icarie ;* car, qu'une société se forme pour l'imprimer à *cent mille* exemplaires, et je le donne ! — Et qu'on y prenne garde : si l'on abandonnait un premier ouvrage pour un second qui ne lui serait pas éminemment et manifestement supérieur, on abandonnerait de même le second pour un troisième ; et l'on aurait le néant avec la confusion et la discorde !

Ecoutez maintenant le pamphlétaire sur la concurrence :

« Je me sentis comme frappé d'un coup de foudre, lorsque j'ai vu, dans votre N° 2, ces accablantes paroles, qui peignent d'un seul trait la vraie *situation des choses* et tout *votre génie :*

« FAIRE CONCURRENCE AU VOYAGE EN ICARIE, EST-CE CONFORME AU PRINCIPE DE LA COMMUNAUTÉ. »

Il tronque et dénature ma phrase précédemment transcrite (voyez cette phrase à la page 59) ! ! ! — Puis, il ajoute :

« Après un pareil coup de massue, l'auteur du *Code* ne peut mieux faire que de vous abandonner le *champ libre* : il n'a pas du tout envie de vous rétorquer votre phrase. »

Niaiserie ! Comment *Icarie* pourrait-il être accusé d'avoir fait concurrence au *Code*, qui n'a paru que deux ans après ? — Mais, enfin, il va donc cesser ce *Code*, à sa moitié : mais pourquoi l'a-t-il commencé, en exposant les acheteurs à payer neuf livraisons inutiles ? Est-ce que le public n'en veut plus, comme il ne voulait plus ni de son *Egalitaire*, ni de son *Lamennais réfuté par lui-même*, ni de rien écrit par lui ? Belle recommandation pour son annonce du journal *la Liberté !*

Mais le pamphlétaire va pousser jusqu'au dernier degré l'outrage :

« Quelque difficile que cela puisse paraître maintenant, vous deviez encore *vous surpasser* vous-même dans ces derniers jours par les *incroyables moyens* que vous avez employés pour tâcher de mettre à flot la caisse du *Populaire*. Mais, *motus !* Je ne me sens pas le courage, pour le moment, de révéler au public de si belles choses. »

Il aura tout à l'heure ce courage, l'infâme ! Nous verrons !

Réfutation du § 2 du pamphlet.

Mon système de Communauté, dans le *Voyage en Icarie*, est basé sur la *Famille*, sur les villes, etc. C'est surtout à cause de cela qu'il facilite tant la propagande ; car il n'est pas une personne peut-être qui repousserait la Communauté parce qu'elle serait basée sur la *Famille*, tandis que la masse l'adoptera précisément à cause de la Famille et la repousserait dès aujourd'hui si elle devait entraîner l'abolition de la *Famille*. — Supposez deux Communautés organisées, l'une avec la Famille et l'autre sans la Famille : laquelle préférerez-vous ? — Pour ne pas se contenter, aujourd'hui, d'obtenir, en remplacement de la Société actuelle, une Société organisée comme *Icarie*, avec la Famille Icarienne, il faut être bien difficile vraiment, bien exigeant, bien ambitieux ! Et c'est d'autant moins raisonnable que, en repoussant la Famille, on s'expose à ne jamais avoir la Communauté, tandis que, en adoptant la Famille, on facilite l'avènement de la Communauté, sans empêcher aucunement l'avenir d'organiser ensuite la Communauté comme l'expérience et la raison l'indiqueront.

L'organisation d'*Icarie* est également fondée sur les villes, villages, etc. Mais quoique, sous tous les rapports, je préfère les villes aux phalanstères, je ne fais pas des villes un principe essentiel de la Communauté ; et, dans la troisième partie (p. 489 de la première édition, et p. 550 de la deuxième), je dis qu'il faut bien distinguer ce qui est *principe fondamental* de ce qui n'est qu'*exemple* et *détail ;* puis, examinant les principes, je dis, quant aux villes et aux maisons, que le principe est qu'elles soient faites par la Communauté sur un *plan modèle*.

Du reste, la deuxième édition est parfaitement semblable à la première; je n'y ai rien changé, ni quant aux *villes,* ni quant à la *Famille.* Il est donc impossible de dire que j'ai changé d'opinion, soit à l'égard des villes soit à l'égard de la *Famille,* d'autant plus que mes douze lettres sur la Communauté et tous mes écrits défendent constamment les Villes et la Famille.

Il est vrai que, dans la préface de la 2me édition d'*Icarie,* j'ai dit :

« La Communauté, comme la Monarchie, comme la République, comme un Sénat, est susceptible d'une infinité d'organisations différentes; on peut l'organiser *avec des villes* ou *sans villes,* etc., etc.; et nous n'avons pas la présomption de croire que nous ayons trouvé, du premier coup, le système le plus parfait pour organiser une grande Communauté. Nous n'avons voulu que présenter un *exemple,* pour faire concevoir la possibilité et l'utilité du système Communautaire. La carrière est ouverte... »

Sans doute, une Communauté peut-être organisée avec des villes ou sans villes, comme une Monarchie peut être constitutionnelle ou absolue, comme une République peut être démocratique ou aristocratique; mais, de même que je préfère la Démocratie à l'Aristocratie, de même je puis préférer les villes aux phalanstères ou aux Communes phalanstériennes ; et ma préface n'indique pas même le contraire, tandis que ma deuxième édition prouve que je persiste à préférer les villes, puisque j'y conserve les villes comme la Famille.

Cependant voici ce que dit le *Code :*

« L'auteur du *Voyage en Icarie* avait d'abord adopté sans restriction le système des villes et des capitales. Aujourd'hui M. Cabet semble faire *bon marché* de ce mode hiérarchique. Dans la préface de sa deuxième édition, il admet qu'on puisse organiser la Communauté avec des villes. Il est, sans doute, *quelques autres points* de son ouvrage qu'après un nouvel examen M. Cabet *s'empressera de modifier* dans sa troisième édition ; car M. Cabet n'a rien de commun avec ces mesquines vanités qui hésitent à revenir d'une première opinion, lors même qu'elles ont connaissance de solutions meilleures....

Eh bien! je le demande, n'est-ce pas dire que j'ai changé d'opinion, que j'en changerai encore ; que j'abandonne le système des villes pour adopter la théorie du *Code;* que j'abandonnerai la Famille; que mes opinions n'ont pas été réfléchies; que je suis mobile, changeant; que les éditions d'*Icarie* seront toujours différentes les unes des autres?... Et les Communistes des départements, tous ceux qui, connaissant les anciennes relations de l'auteur du *Code* avec moi, ne peuvent supposer qu'il publie des doctrines contraires aux miennes, ne pouvaient-ils pas croire que j'étais réellement opposé aux villes et à la Famille?

Et comment l'auteur du *Code* peut-il dire que je fais *bon marché* des villes et que je modifierai mon opinion sur la Famille et quelques autres points? Où a-t-il vu cela? Dans ma préface! Mais c'est déraisonner! c'est ne pas avoir de jugement!

Je ne pouvais me dispenser de protester, et j'ai protesté, dans la brochure *Propagande Communiste*, sans nommer ni le *Code*, ni son auteur. — Mais celui-ci, dans sa septième livraison, m'a personnellement accusé d'*insignes faussetés, d'altérations, falsifications, interpolations, rapprochements insidieux;* et il soutient que je n'ai attaqué son *Code* que parce que cet ouvrage a le tort, irrémissible à mes yeux, de venir faire *concurrence* au *Voyage en Icarie.*

Le N° 2 du *Populaire* expliqua ces outrages; et le pamphlet vient les renouveler. — Parce que j'ai dit : « Beaucoup de personnes nous di- « sent qu'elles n'ont lu le *Code* que parce qu'elles *croyaient* qu'il expri- « mait *nos opinions actuelles*; » il s'écrie triomphalement :

« Que de choses dans cette phrase : *nos opinions actuelles!* que signifient ces trois mots? Est-ce que M. Cabet n'aurait pas toujours été aussi *constant*, aussi *réfléchi*, aussi *ferme*, aussi *immobile* dans ses opinions qu'il affecte de le faire entendre quelques lignes plus loin? Mais point *d'ergoterie!* Le mot *actuelles* constate que M. Cabet a *modifié* ses opinions. »

Mais quel raisonneur que cet homme! Si quelqu'un *croit*, d'après l'affirmation ou l'insinuation du *Code*, que mon opinion est actuellement contre les villes et la Famille après avoir été pour elles, cette croyance *prouve* que j'ai modifié mon opinion! Voilà une belle preuve! Bien raisonné!

Je ne m'arrête pas à ce qu'il dit de mon *infaillibilité pontificale* et de mon *ingratitude* envers les prétendus *Beotiens* qui ont quelque confiance en mon opinion, et de ma cupidité pour *alimenter ma marmite:* c'est trop absurde! Je prie tout simplement le lecteur de lire ma *Propagande communiste* et le N° 2 du *Populaire.*

Il est furieux de ce que j'ai engagé le Peuple à repousser SANS LES LIRE les écrits dangereux et par conséquent les siens; mais je persiste, parce que c'est mon opinion. — Il est furieux aussi contre ceux qui les repoussent, et il les appelle des *Beotiens*, des *inféodés*, des imbécilles, tandis que ses souteneurs sont des génies : c'est tout simple!

Réfutation au § 3 du Pamphlet.

Ici le pamphlétaire veut prouver ce qu'il appelle mes *indignes faussetés, falsifications*, etc., contre son *Code*. Je me contente de répondre que ce sont des outrages et que tous ses arguments sont absurdes ou ridicules. J'en donnerai seulement quelques exemples.

Dans son *Code* il avait dit :

« Rien n'est si simple et si admirable que le logement individuel dans le système égalitaire. Nos *Egaux* passent presque toute la journée *en public*; ils n'ont donc pas besoin d'autant de chambres qu'en occupent maintenant nos moindres bourgeois. Pour que rien ne lui manque, *deux* ou *trois* pièces suffisent à *chacun* : 1° une chambre à coucher; 2° un cabinet d'étude; 3° un petit laboratoire, qui, en même temps servira de petit bûcher... La chambre à coucher sera sise du côté du jardin.... Le cabinet d'étude donnera sur la campagne.... Il sera contigu à la chambre à coucher dans les deux tiers de sa largeur ; l'autre tiers servira à l'emplacement du laboratoire.

« Les cuisines et les ateliers domestiques supprimés, il n'existera plus nulle part aucune cause de malpropreté... Loin d'être, comme de nos jours une corvée désagréable, *faire son ménage* sera chose si facile qu'il y a fort lieu de croire que tous en prendront l'habitude, bien qu'il y aura des *citoyens* de service chargés de cet *emploi*. »

Il est de toute évidence que la chambre à coucher dont il s'agit ici, pour un homme qui passe presque toute la journée en public, est une *petite* chambre, puisqu'il n'a pas besoin d'autant de logement qu'en occupent maintenant nos *moindres* bourgeois ; — il est de toute évidence aussi que le cabinet d'étude est un *petit* cabinet, puisqu'il n'est que les *deux tiers* de la chambre à coucher ; — Il est de toute évidence que ce petit logement peut suffire à un homme comme une *cellule* suffisait à un *moine* ; — il est de toute évidence que l'auteur veut loger les *femmes* et les *enfants séparément*, puisque, dans son chapitre du *logement individuel*, il ne s'occupe que de l'homme et ne lui donne qu'une chambre à coucher, un cabinet d'étude et un petit laboratoire; — il est de toute évidence que les *citoyens* dont l'emploi sera de faire le ménage de ceux qui ne prendront pas l'habitude de le faire seront des *serviteurs personnels* et des espèces de *domestiques*.

Eh bien ! voici l'analyse que j'ai faite de ces dispositions du Code, dans ma *Propagande communiste :*

« Il se trouve *des Communistes* qui publient, comme *une loi* de la Communauté, que chaque homme passera la plus grande partie de son temps dans des *réunions publiques ;* qu'il n'aura besoin d'un logement individuel que pour la nuit et pour quelques heures du jour; qu'une *petite* chambre à coucher, un *petit* cabinet d'étude et un petit laboratoire avec un petit bûcher lui suffiront (comme une cellule *suffisait* à un moine); que les *femmes* et les *enfants* seront logés séparément (on ne sait encore comment) ; que chaque citoyen fera son ménage (comme s'il n'avait rien de plus utile à faire pour la Société), et que, pour ceux qui ne voudraient pas le faire, ce seraient d'autres citoyens qui auraient la fonction de venir faire les lits, balayer, nettoyer, etc., etc. (comme si ce n'était pas constituer des serviteurs personnels ou des domestiques et des valets, tandis que, dans la Famille, tous les travaux du ménage peuvent être confiés aux enfants. En un mot, il se trouve *quelques Communistes* qui publient, comme loi de la Communauté, l'*abolition du Mariage*, de la Famille et du Ménage, et la séparation entre les hommes, les femmes et les enfants. »

Et remarquez-le bien, je n'ai pas guillemetté pour indiquer que je transcrivais littéralement; je n'ai pas voulu transcrire ainsi ; j'ai voulu seulement donner la substance, l'analyse, le sens ; il est manifeste que je ne voulais qu'analyser ; je n'ai pas même nommé le *Code*, parce que je voulais, autant qu'il était possible, ne pas parler des personnes; et par cela seul que je n'ai fait qu'une analyse, je n'ai rien pu *falsifier*.

Cependant le pamphlétaire m'accuse d'*altérations*, de *falsifications*, de *faussetés*, etc. : plus l'accusation est grave, plus il est nécessaire de la démontrer : Voyons !

Dans mon analyse, j'ai dit que la chambre à coucher était *petite* et que le cabinet d'étude était *petit;* et parce que ces mots *petite* et *petit* ne se trouvent pas dans le texte du *Code* (que j'ai seulement analysé, sans même le nommer), le pamphlétaire crie à l'*altération*, à la *falsification!* Non, je n'ai rien vu de plus niais, de plus absurde, de plus odieux !

Parce que, quand il dit que son citoyen passe presque toute la journée *en public*, j'ai dit qu'il passait presque toute la journée dans des *réunions publiques*, il m'appelle un falsificateur, un faussaire !

De ce que, quand il a dit que des citoyens, de service, auraient l'emplo de faire le ménage des autres, j'ai conclu qu'il instituait des *serviteurs personnels*, des espèces de *domestiques*, il crie encore à la *falsification !*

Il prétend, lui, que le service et l'emploi de faire le ménage des autres serait un service public qui ressemblerait au service et à l'emploi de *garde national*, aussi doux, aussi honorable qu'aucun autre service; mais je soutiens, moi, que c'est une invention ridicule et que ce n'est pas la peine de faire un *Code* de la Communauté, pour publier une institution si déraisonnable.

De la manière dont il construit sa *Commune* égalitaire, d'un seul bâtiment, j'en ai conclu que c'était un *phalanstère*, et il m'accuse encore d'*interpolation !*

De ce qu'il ne parle que d'un homme dans son petit logement individuel, sans jamais parler de femme ni d'enfants, et de ce que le mobilier qu'il décrit ne convient qu'à un homme, j'ai conclu qu'il logeait les hommes séparément et les femmes avec les enfants séparément; et il crie à l'*interpolation* à l'*intercalation !* Mais pourquoi donc, à l'occasion du logement individuel, ne parle-t-il ni des femmes ni des enfants, ni des chambres, cabinets, meubles, qui leur sont nécessaires? — Il y a plus : à la fin de son chapitre VIII, intitulé *Philosophie*, il se pose cette question : Voulez-vous, oui ou non, détruire la *Famille* et abolir le mariage? Il répond qu'il va s'expliquer *catégoriquement* sur ces deux points, et il intitule son chapitre IX, *Du Mariage*, *de la Paternité*, *de la Famille*. Eh bien! il termine ce chapitre sans rien préciser, quoique rien ne doive être plus *précis* qu'un *Code;* il ne parle ni du mariage, ni de la paternité, ni de la Famille, ni du logement des femmes et des enfants ! Il ne dit pas même si l'enfant portera le nom du père, ou de la mère, ou tout autre nom ! Il veut que la femme reste parfaitement *libre*, et que, quoiqu'elle préfère un homme aujourd'hui, tous les hommes puissent toujours l'obséder de leur amour avec l'espoir d'être préférés demain ! Permis au pamphlétaire de trouver cette combinaison admirable, quoiqu'il semble en avoir honte et ne pas oser avouer sa pensée; moi je trouve que c'est donner à la femme la situation de ce qu'on appelle aujourd'hui *femme entretenue*; et je trouve ce système mauvais, imprudent, désordonné..; pour mon compte, je le désapprouve, je le repousse, je n'en veux pas !! Et je veux dire à tout le monde mon opinion, que cela me paraît extravagant, insensé, destructif de toute propagande, plus capable d'empêcher la Communauté que de l'amener !!

Quand, à la fin de mon analyse ci-dessus transcrite, je disais : « En un mot, il se trouve quelques Communistes qui publient comme loi de la Communauté, l'abolition du mariage, de la famille et du ménage, » j'entendais parler de l'*Humanitaire*, qui, dans un procès-verbal imprimé dans le Rapport de M. Bastard sur le procès Quenisset, a dit :

« Nous avons, à l'unanimité, reconnu et adopté, en principe, les neuf questions suivantes, comme base fondamentale de la doctrine *Communiste égalitaire* : — 1o La vérité, indivisible ; — 2 le matérialisme ; — 3° la FAMILLE INDIVIDUELLE doit être ABOLIE, parcequ'elle établit le morcellement des affections, rompt l'harmonie de la Fraternité, qui seule doit unir les hommes, et devient la cause de tous les maux qui peuvent les perdre ; — 4o Le MARIAGE doit être ABOLI, parce que c'est une loi inique qui rend esclave ce que la nature a fait libre, qui constitue la chair propriété individuelle, qui rend par ce moyen la Communauté et le bonheur impossibles, parce qu'il est constant que la Communauté n'admet aucune espèce de propriété ; — 5° les VILLES doivent être être DÉTRUITES, parce qu'elles sont un centre de domination et de corruption ; — 6o à 9o Beaux-arts, luxe, spécialité d'états, voyages continus. »

Je pouvais donc bien dire : « Il se trouve quelques Communistes qui veulent l'abolition du Mariage, de la Famille, etc. » : et j'aurais pu ajouter que le pamphlétaire était du nombre ; car, depuis quelque temps, il prenait, à tout propos, la défense de l'*Humanitaire*; et d'ailleurs ceux qui le fréquentent le vantent de ce qu'il veut l'abolition de la Famille. Mais je ne lui ai attribué, toujours sans le nommer, que la séparation entre les hommes, les femmes et les enfants.

Maintenant, où sont les **ALTÉRATIONS, FALSIFICATIONS**, etc.? Il n'y en a point, absolument point ; et dès-lors l'accusation du *Code* est une injure, un outrage, une calomnie ! Or, le pamphlétaire dit (p. 21.) :

« Et moi aussi je le proclame, je ne serais qu'un **INFAME** si, sans fondement solide, sans une mûre réflexion et dans un premier mouvement de contrariété, je m'étais livré à de si **GRAVES IMPUTATIONS**. »

Que le pamphlétaire déchire donc ou rétracte cette page de son *Code*, ou bien il doit voir maintenant combien il mérite l'épithète qu'il s'est donnée lui-même.

Et voyez jusqu'où il pousse la déraison ou la mauvaise foi ! Dans ma lettre sur l'*Éducation*, la neuvième *d'un Communiste à un Réformiste*, j'ai dit à Eugène :

« Et d'abord parlons de l'éducation dans l'organisation sociale *actuelle.* »

« Je sais que personne n'apprécie plus que toi l'*éducation ;* car je sais combien tu donnes de soins, avec ta femme, et combien tu fais de sacrifices, pour *l'éducation de ton aimable petit Charles*... Et par *éducation* je n'entends pas seulement l'éducation des maîtres ou l'instruction proprement dite, mais l'éducation dans son sens le plus large... l'éducation par la mère et par la *nourrice*, par le père, les parents et les SERVITEURS. »

Et l'insensé voit là la preuve que je veux des *nourrices* et des *serviteurs* ou des *domestiques* dans l'éducation de la Communauté, tandis qu'il est manifeste que je ne parle que de l'éducation connue du petit Charles, de l'éducation d'aujourd'hui, dans laquelle jouent un rôle la nourrice et les serviteurs d'aujourd'hui! L'aveugle n'a pas vu que la première partie de cette neuvième lettre concerne l'éducation *naturelle;* que sa seconde partie concerne l'éducation future dans la Communauté; et que, toujours conséquent avec moi-même, je dis, alors p. 84 et 85) :

« Jusqu'ici, nous sommes sans doute d'accord, mon cher Eugène; tu vois comme moi les vices de l'éducation *actuelle* : maintenant quelle éducation y substituerons-nous? Voyons!... Je suppose la Communauté établie, et une première génération d'hommes et de femmes, c'est-à-dire de pères et de mères, façonnée et préparée par l'éducation. »

« La première éducation, soit physique, soit morale, soit intellectuelle, se donnera d'abord dans la famille, par la mère, le père, les frères et sœurs, jusqu'à cinq, six ou sept ans. »

Voilà comme je veux, dans la Communauté, les nourrices et les domestiques d'aujourd'hui! Voilà comme cette tête perdue confond tout et brouille tout, pour trouver critique en tout! Et si je ne démasquais pas son ignorance, ou sa sottise, ou sa mauvaise foi, son audace en imposerait à beaucoup d'ouvriers, faciles à tromper!

Le pamphlétaire a donc tronqué, altéré, réellement falsifié ma neuvième lettre; mais il est si étourdi, si emporté, si aveugle, si mauvais logicien, que je ne l'accuse pas d'avoir falsifié volontairement.

Il se plaint enfin de ce que je désapprouve son *Code* sans y trouver rien de bien à signaler. — Est-ce que par hasard il dépend de moi de trouver ou de ne pas trouver le *Code* bon ou mauvais? Et si je le trouve mauvais, est-ce qu'il faudra que je dise, à ceux qui me demanderont mon avis, que je le trouve excellent, admirable? Est-ce qu'il faudra que je loue, contre ma conscience, tous les ouvrages que je trouverai nuisibles et dangereux? Est-ce que je serai le seul qui ne pourrai ni avoir une opinion ni l'exprimer? Est-ce que quelqu'un de ceux qui désapprouvent *Icarie* se gênent pour le dire?

Eh bien! oui, je trouve le *Code* présomptueux, mal composé, inutile (attendu que tout ce qu'il contient de bon se trouve dans *Icarie*), nuisible, dangereux, notamment par ses principes sur les femmes et sur les villes. — Aucun ouvrage n'a moins mérité le titre de *Code;* car un *Code* est un recueil de dispositions ou de préceptes laconiquement rédigés en forme de lois; et celui-ci est une compilation de citations souvent complétement superflues. Par exemple, sur la question des capitales, il transcrit plus de trois pages de Buonarotti, qui ne sont relatives qu'aux inconvénients des capitales dans le régime actuel, tandis qu'il s'agit des capitales dans le régime futur de la Communauté, et il le sent bien, car il ajoute : « Je sais que, dans la Communauté, on n'aurait « point à redouter de si odieux désordres : » mais cela n'empêche pas d'imprimer et de vendre trois pages de citations complétement inutiles !!!

Par exemple encore, le *Code* me paraît ridicule sous le rapport de l'ameublement : Écoutez !

« Rien n'est si simple et si *admirable* que le logement individuel.... La chambre à coucher devra avoir deux vastes alcôves, une pour placer le lit, l'autre pour la toilette. Deux armoires très commodes seront pratiquées dans l'épaisseur du mur : ces armoires-meubles seront parfaitement propres et *élégamment ornées* tant à l'*intérieur* qu'à l'extérieur. La chambre sera en outre pourvue d'un nécessaire, d'un lavabo, d'une table de nuit, d'un guéridon, d'une table à prolonges et d'une *baignoire*, meuble qui aura tous les avantages désirables, et dont le dessus servira à la fois de table et de couverture au baigneur. — Le surplus du mobilier consistera en chaises, fauteuils, garniture de cheminée, etc. Presque tous ces meubles marcheront sur roulettes; tous joindront l'agrément à l'utile.

« Le mobilier du cabinet d'étude consistera en une petite bibliothèque, des instruments de musique, de peinture, etc. Un SUPERBE bureau à roulettes en sera le principal ornement. Pour faire l'ÉLOGE du cabinet d'étude, qu'il me suffise de dire qu'il sera, en tout, en rapport avec la BEAUTÉ de la chambre à coucher.

« Tous les appartements du PALAIS seront PLAFONNÉS, PARQUETÉS et la plupart garnis de tapis de pied ; la chambre à coucher sera tapissée de SUPERBES GOBELINS...

« Ce qui distingue surtout notre système de logement individuel de tout autre, c'est la presque parfaite INDENTITÉ de ces logements.... Du reste, cette parfaite UNIFORMITÉ n'exclut point, loin de là, les charmes de la VARIÉTÉ. »

Remarquons-le bien d'abord, ce n'est là qu'un logement et ameublement de GARÇON ; on n'y voit rien pour une femme et des enfants; et par conséquent il nous était impossible de ne pas croire et dire que le pamphlétaire loge les hommes SÉPARÉMENT, et les femmes SÉPARÉMENT avec ou sans les enfants.

Mais quel faux goût dans cet ameublement du *Code !* A quoi bon l'élégance et l'ornement dans l'*intérieur* des amoires, un *superbe gobelin* dans une chambre à coucher, un *superbe bureau* dans le petit cabinet d'étude, tout cela pour un logement de garçon ou de moine, où manque le principal ornement, une femme et des enfants, où manquent même des visiteurs et des amis? Et où peut être la *variété* dans une pareille *uniformité?*

Que quelqu'un fasse mieux qu'*Icarie*, je m'inclinerai devant lui, même avec joie (quel que puisse être le premier mouvement d'un sentiment personnel que réprimerait bientôt l'amour de l'Humanité) ; mais m'incliner devant des écrivailleurs et de ridicules rapsodies, ce serait lâcheté ; et j'espère n'être jamais un lâche ! ! !

Réfutation du § 4 du Pamphlet.

Ce quatrième § est intitulé : *Analyse critique de la* CARRIÈRE *de M. Cabet*, telle qu'il l'a racontée lui-même dans : 1° le *Populaire ;* 2° le *Procès contre le National ;* 3° la *Ligne droite ;* 4° la brochure le *National traduit devant le Tribunal de l'opinion publique.*

Ce quatrième § a pour sous-titre : *Vanteries, Palinodies, variations, contradictions, captations...*

Mais d'abord, pourquoi ce §, dans quel but, dans l'intérêt de qui ? Je conçois bien que l'Aristocratie ou les privilégiés de toutes couleurs même les aveugles réformistes, et surtout la Police, puissent vouloir éplucher ainsi tous mes écrits, toute ma carrière, toute ma vie; mais un homme du parti radical, un Communiste, je ne le conçois plus ! Ordinairement, les partis dissimulent et cachent les défauts des leurs. Si l'on révélait tout, on apprendrait de belles choses ! Les ennemis auraient beau jeu ! Aussi chacun sent-il que c'est bien assez et même déjà trop des médisances et des calomnies des ennemis. Le code de chaque parti prescrit donc de n'attaquer les siens que pour se défendre ou par nécessité dans l'intérêt du salut commun. J'avoue que le pamphlétaire a raison, qu'il rend un service et qu'il mérite de la reconnaissance si malgré tous mes antécédents, je compromets, aujourd'hui, par quelque infamie ou par quelque grande erreur, la cause populaire, ou si l'on découvre que, jusqu'à présent, je n'ai été qu'un profond hypocrite. Mais il faut des preuves, des preuves irrécusables, pour noircir et flétrir l'homme qu'on reconnaît (p. 3) être *le plus en évidence* du Parti Communiste ! Il ne faut montrer ni une joie maligne, ni un acharnement furieux ! Et si le pamphlétaire est un menteur, un calomniateur, alors c'est un ennemi du Peuple !

Je l'avouerai ensuite, il faut que je sois aux yeux du pamphlétaire un monstre de scélératesse, ou bien il faut qu'il soit un monstre de méchanceté; car je n'ai jamais vu, dans les plus violents orages des temps de révolution, les Partis et la Police elle-même montrer tant de malveillance, tant de haine, tant d'acharnement, contre un individu, souvent honoré de nombreuses sympathies populaires.

Voyons donc ici les accusations et les preuves :

Je pourrais me borner à prier mes lecteurs de relire ma *Ligne droite* et surtout *ma carrière* dans ma brochure le *National traduit devant le Tribunal de l'opinion publique*, convaincu que le sentiment de noble franchise qui m'a dicté cet écrit et qui s'y manifeste, excitera presque de l'indignation contre les sarcasmes et les railleries que le pamphlétaire s'est permis dans un sujet si grave, sarcasmes et railleries que la bassesse peut toujours employer contre les objets les plus dignes de respect.

Mais voyons, sans nous arrêter à repousser le reproche des *redites*, qu'on trouve *si nombreuses* dans mes ouvrages et que le pamphlétaire trouve *assommantes*, parce qu'il ne comprend pas que je juge certaines *redites* nécessaires dans des ouvrages composés pour expliquer une doctrine nouvelle, et pour la rendre intelligible aux intelligences les moins cultivées.

Je ne dis rien pour justifier mes prétendues *vanteries*; c'est trop misérable.

Que dire d'un soi-disant démocrate, d'un soit-disant Communiste, qui trouve à railler parce que les avocats royalistes de 1815 ont ruiné ma carrière du barreau en m'interdisant pendant trois mois à cause de mes opinions populaires et parce que j'avais été l'un des fondateurs de la courageuse et périlleuse *Fédération bourguignonne*, et qui trouve à plaisanter sur tout parce que, quoique jeune, mon caractère inspirait tant d'estime à mes camarades, que le plus remarquable d'entre eux demanda à être poursuivi et condamné avec moi.

Que dire d'un homme soit-disant populaire qui trouve à rire parce que, condamné, interdit, j'ai bravé la colère des réacteurs en plaidant, en habit bourgeois, au milieu d'avocats en robe, pour un homme du Peuple accusé d'avoir conspiré pour faire massacrer l'Aristocratie, c'est-à-dire en me déclarant, pour être admis à le défendre l'*ami* d'un malheureux que je connaissais à peine et qu'on signalait comme le plus dangereux ennemi de la Noblesse, qui demandait sa tête.

Il trouve à railler, le.... je ne sais comment le nommer, en rappelant que, dans ce temps de réaction, j'ai *sauvé la vie* à plusieurs patriotes accusés. Eh bien ! oui, je l'ai dit, pour me défendre contre les calomnies d'un journal, et je le répète encore hardiment pour me défendre contre un plus odieux calomniateur, j'ai sauvé le brave général Veaux, en bravant la vengeance des chefs royalistes que j'accusais en face d'ingratitude et de lâcheté, en arrachant des larmes à l'auditoire, même aux gendarmes. Et en sauvant le Général je sauvais les treize autres accusés, je rendais un incalculable service à ma ville natale, à mon département, à la France entière; car tout le monde sait qu'alors la vengeance étrangère avait fait admettre en principe que, pour rétablir l'ordre par la terreur, on ferait tomber les quatre principales têtes dans chaque département; et l'on commençait l'application dans la Côte-d'Or, parce que l'Aristocratie y était forte et bien organisée, attendu que le Gouverneur, M. de Damas, était un favori du Comte d'Artois, Roi du Gouvernement occulte; en sorte que la condamnation du Général aurait probablement le signal d'une foule d'autres condamnations partout, tandis que son acquittement arrêtait la réaction partout.... Je n'aurais pas d'autre titre dans toute ma vie, que j'aurais droit à quelques égards de la part des patriotes ; mais j'en ai bien d'autres..., et cependant l'on tourne tout en dérision ! car écoutez le pamphlétaire raconter ces faits :

« D'abord il sauva la tête d'un *huissier*, puis la vie et l'honneur d'un *notaire*, dont il avait déjà sauvé la place. Dans le procès du Général Veaux, il fut si persuasif, si éloquent, il sut si bien remuer tous les cœurs qu'il arracha des larmes non seulement à tout l'auditoire, mais jusqu'aux gendarmes eux-mêmes ! Bref, il sauva la vie au Général et par suite à tous ses co-accusés. Et tous ces *immenses périls*, M. Cabet les brava avec un délicieux sentiment de plaisir ; il s'enivra d'avance du BONHEUR DE LUTTER SEUL CONTRE TOUS ET DE TRIOMPHER ; car la carrière qui fixait son ambition est celle où l'on se dévoue ! Quant à lui, observe-t-il, *il se jetterait au milieu des flammes ou dans les flots pour sauver son semblable!*... Avocat, il se dévoue sans balancer.... à faire son *métier*.

Faire son MÉTIER ! Généreux avocats, malheureux avocats, âmes impartiales, cœurs honnêtes et humains, voyez-vous le dédain et le mépris de cet être pour tout ce qui est dévouement? Et je vous demande pardon, lecteurs ; mais, pour que vous puissiez mieux juger le calomniateur, je veux vous transcrire ici partie du passage dans lequel (pour me défendre contre le *National* qui avait attaqué ma carrière comme une *carrière d'ambition*, et qui me reprochait de m'être fait nommer *Procureur général*) je racontais le procès du *Notaire* et de trois autres chefs de nombreuses familles : vous allez voir si mon récit prêtait au sarcasme et à la raillerie ! Je disais (p, 40 et suivantes) :

« Tout ce qu'on peut imaginer d'intrigues, de manœuvres, de prévarications même de la part des magistrats instructeurs pour perdre un innocent et sauver un coupable, fut épuisé dans ce procès vraiment extraordinaire. Jamais peut être l'innocence ne fût exposée à plus de périls! L'opinion publique était tellement égarée, par les mensonges de toute espèce, que personne ne doutait de la culpabilité du *Notaire* et de ses trois prétendus complices. L'un des partis était triomphant, l'autre atterré, et mes amis ne pouvaient concevoir que je me fusse chargé d'une défense qui devait déshonorer mon caractère. Mais je n'avais accepté la défense de ces *quatre accusés* qu'après avoir acquis la conviction la plus inébranlable qu'ils étaient complètement innocents ; que leur *dénonciateur*, assis à côté d'eux, était l'*assassin ;* que le *Juge de paix* (qui avait le plus grand intérêt à la mort de sa victime) était *instigateur de l'assassinat ;* que les deux autres principales autorités du pays formaient un *triumvirat* pour sauver deux coupables, et que la plus effroyable conspiration était tramée pour *assassiner quatre innocents*. Je vis le danger pour eux et pour moi, je sentis qu'il fallait me dévouer aux plus redoutables haines... Mais on se jette bien dans les flammes ou dans les flots pour sauver son semblable!... Je m'y jetterais!... Avocat, hésiterais-je à me dévouer pour arracher l'innocence à l'échafaud ?... Je n'hésitai pas un moment, j'acceptai avec transport la mission, *sainte à mes yeux*, d'éclairer l'opinion, de guider la justice, de protéger la faiblesse, de désarmer l'iniquité puissante; je bravai le péril avec un délicieux sentiment de plaisir ; je m'enivrai d'avance du bonheur de lutter seul contre tous et de triompher. Ah ! qu'elle est belle la profession d'avocat! qu'elle est noble, qu'elle est grande, quand on en comprend bien tous les devoirs! Qu'elle était magnifique ma position dans cette défense, comme dans celle du général Veaux, moi luttant seul contre le Pouvoir et contre un Parti... Mais où vais-je m'égarer! Pardon, Messieurs du *National;* je voulais vous montrer que la seule *carrière* qui fixait mon ambition était celle où l'on se dévoue pour défendre les malheureux, et où l'on recueille des *bénédictions* et des jouissances qu'on ne trouve pas dans la carrière des honneurs et du pouvoir... Malheureusement pour moi, un travail prolongé dans la nuit pendant deux mois, l'agitation d'esprit, l'exaltation morale, la neige jusqu'aux genoux et la bise dans les yeux pendant plusieurs heures pour vérifier les localités, me causérent un nouveau *désagrément* qui vint m'arrêter dans ma carrière; la veille de l'ouverture des débats, je me levai presque *aveugle!*

« C'était quelques jours après l'assassinat du duc de Berry, dans le moment d'une nouvelle réaction terrible. Je demandai donc vainement la remise de l'affaire à la session suivante : comme le *jury était bien composé pour la condamnation*, on refusa tout ajournement. — Les débats durèrent quatorze jours, avec trois cents témoins. — J'y assistai jusqu'à la fin, sans distinguer personne, ni témoins, ni jurés, ni juges, sans pouvoir lire ou écrire un mot, soutenu par le même courage qui donne à la mère malade la force de passer les jours et les nuits près du berceau de son enfant moribond. J'accusai formellement le dénonciateur d'être l'assassin, afin de démontrer plus manifestement l'innocence de mes clients; et mon accusation fut si pressante que deux fois (il l'avoua depuis) il fut sur le point de s'avouer coupable. Enfin, le triomphe fut complet : mes quatre accusés furent, à l'unanimité, déclarés innocents et portés sur les bras du Peuple; le dénonciateur fut déclaré coupable et condamné à mort, moins odieux aux jurés pour avoir recelé la montre (avec cette circonstance aggravante qu'il savait que le vol provenait d'un assassinat) que pour s'être efforcé si longtemps de faire périr des innocents. Immédiatement après la prononciation de son arrêt, le condamné avoua publiquement qu'il était l'assassin, proclama l'innocence des acquittés, leur demanda pardon, et déclara que le *Juge de paix*, que j'avais *soupçonné* avec tout le public, était l'instigateur de l'assassinat et de la fausse dénonciation. — Si le procès avait été jugé à Paris, ou si les journaux s'étaient occupés alors des départements comme ils s'en occupent aujourd'hui, il est peu d'avocats dont le nom aurait eu plus de retentissement que le mien. Et je vous dis tout cela, Messieurs du *National*, pour que vous soyez moins étonné que j'aie pu être nommé *Procureur général* en 1830.

Oui, je n'ai pas le moindre scrupule à le répéter, dûssent tous les envieux du monde m'accuser de *vanterie*, je fis acte de dévouement, je rendis un notable service à l'humanité, j'obtins une victoire peu commune, je fus presque porté en triomphe, aucun procès n'aurait fait plus de bruit si la Presse s'était occupée des procès de départements comme elle s'en occupe aujourd'hui, je recueillis mille bénédictions; on dit alors que je serais un jour le Député de la Côte-d'Or... Et par suite du procès, je fus condamné à une amende, interdit pendant un an par le plus tyranique abus du pouvoir ministériel, *aveugle pendant cinq ans*, paralysé dans ma carrière...

Et le pamphélaire appelle cela *faire son métier!!!* Puis il ajoute ironiquement :

« Ce dévouement est sublime sans doute; mais nous observerons cependant qu'on n'a *jamais* GUILLOTINÉ *les avocats* pour leurs plaidoiries *Ces messieurs* n'éprouvent, d'ordinaire, *d'autres contraintes* que celle.... de recevoir le *prix de leur harangue.* »

Voilà la reconnaissance envers les *Avocats!...* Et on les supplie, dans le danger, quand le salut dépend de leur talent et de leur courage! Et l'on s'étonne quand une pareille ingratitude refroidit leur zèle! Malheureux ouvriers, que des fous, ou des ambitieux, ou des perfides entraînent si souvent dans les cachots, dites donc au pamphlétaire de ne pas outrager vos défenseurs! — Dans une note, au bas de la même page, l'imbécile affirme, pour ridiculiser mes propres souffrances, qu'une *foule d'autres avocats* subirent des *persécutions infiniment plus sévères* que les miennes.

Voyez si l'ironie de la Police parlerait autrement :

« Cependant, le Pouvoir d'alors ne lui pardonnait pas ses *lauriers*; son *épouvante* égalait sa *fureur;* tout fut mis en œuvre pour *corrompre* ou écraser un si REDOUTABLE ENNEMI; une seconde fois, il eut, lui aussi, son VATERLOO : il fut condamné à 50 *francs* d'amende!

Il passe déloyalement sous silence l'interdiction d'un an, qui brisait ma carrière!

En racontant ma *Carrière*, j'avais dit : — « Dix fois, j'ai *risqué ma tête* sous la Restauration, notamment à *Joigny*, où j'allai, précédé de *Dugied* et de plusieurs autres, brulés (comme on dit), ou compromis avec la Police, et où, au risque d'être arrêté comme étranger récemment arrivé, j'allai prendre mon porte-manteau dans l'auberge que je savais entourée et occupée par des gendarmes, qui cherchaient particulièrement Dugied à eux signalé, mais qui pouvaient et devaient naturellement arrêter tous les inconnus. » — Eh bien! oui, je bravai là un danger bien réel; et ce n'est certes pas aux révolutionnaires comme le pamphlétaire, à ridiculiser tous ces actes! Cependant écoutez-le :

« Je n'en finirais pas si j'entreprenais de rapporter tous les traits de *désintéressement*, de *dévouement* et d'HÉROÏSME que s'attribue impartialement M. Cabet. Il a *risqué*, dit-il, *dix fois sa tête*, sous la Restauration, notamment à *Lyon*, à *Dijon* et à *Joigny*, où il passa avec assurance à travers la gendarmerie qui cherchait... non pas lui, mais M. *Dugied*. Mais voici la révolution de juillet. *Redoublement de périls et de dévouement!* Dès août il a la conviction, dit-il, que la Révolution est perdue; mais il ne s'en *dévoue* pas moins... A ÊTRE PROCUREUR GÉNÉRAL en Corse, au lieu de demeurer à Paris pour organiser l'éducation et la propagande démocratiques. Il se fait un mérite d'avoir accepté le moindre poste. Mais c'était un poste politique, un poste d'où l'on pourrait redevenir... qui sait?... MINISTRE peut-être! si l'on était assez heureux pour mener à bonne fin la révolution d'Italie et l'IMPOSER *à Louis-Philippe.*

Je me suis, dit le pamphlétaire, DÉVOUÉ... A ETRE PROCUREUR GÉNÉRAL! Et lui, le malheureux, que faisait-il alors, et en 1822 et 1823 pendant que je risquais ma tête à Joigny, à Dijon, à Lyon, et en 1815 pendant que je fondais avec d'autres la Fédération Bourguignonne?

et en 1816, pendant que je sauvais une foule de patriotes? Chenille vénéneuse alors, végétant dans sa chrysalide, il ne paraît vingt-cinq ans après que pour souiller ceux qui combattaient pour se rendre utile, comme ces NOUVEAUX CORDELIERS que *Camille Desmoulins* foudroyait quand ils voulaient prendre la place des VIEUX CORDELIERS pères de la Révolution, comme ces *Hébertistes* qui attaquaient Danton, aux Jacobins, et que Robespierre réduisait au silence, en disant :

« Danton (accusé par les Hébertistes) veut qu'on le juge ; il a raison ; qu'on me juge aussi ! qu'ils se présentent, *ces hommes* qui se disent *plus patriotes que nous* ! »

Je me suis DÉVOUÉ... A ÊTRE PROCUREUR GÉNÉRAL !... Non ! je me suis dévoué à périr en me prononçant un des premiers pour la Révolution, en signant la première *proclamation* affichée par la première Municipalité insurrectionnelle... ; car si Charles X avait été vainqueur, j'étais infailliblement fusillé comme beaucoup d'autres !

Je pouvais revenir... MINISTRE peut-être ! Et le pamphlétaire insinue que j'avais peut-être la secrète ambition d'être MINISTRE ! — Eh bien ! si j'avais eu l'ambition d'être Ministre, je soutiens hardiment que je pouvais l'être tout aussi bien que Merilhou, Barthe, Martin-du-Nord, etc., etc. Qu'on le demande à tous les hommes influents, notamment à M. *Laffitte*, ou si l'on aime mieux à M. *d'Argenson*... Je pouvais devenir Ministre, car *Louis-Philippe* (avec qui j'avais fait connaissance le 3 août, en lui disant que Talleyrand, Sebastiani et Dupin le perdraient s'il suivait leur conseil, et le 3 août, en lui écrivant pour l'exhorter à convoquer une Assemblée Constituante), *Louis-Philippe* m'avait témoigné, en public comme en particulier, une extrême bienveillance, n'avait pas même voulu que je prononçasse le serment de Procureur général, m'avait dit qu'il *n'oublierait jamais notre conversation* (dans laquelle je lui avais dépeint avec chaleur les bénédictions et la gloire qui l'attendaient au bout de la bonne route, ainsi que les malédictions et les périls qu'il rencontrerait à chaque pas dans la mauvaise), m'avait exprimé le regret de me voir aller si loin et le désir de me faire rappeller bientôt, tandis que, quand *Merilhou* quitta le secrétariat général de la justice pour entrer au Ministère de l'Instruction publique, *Dupont de l'Eure* m'écrivit qu'il m'aurait probablement choisi pour remplacer *Merilhou* si je m'étais trouvé près de lui.., Et si j'avais eu cette ambition d'être Ministre, que fallait-il faire? Eh ! rien n'était plus simple : j'aurais fait comme les autres, je n'aurais jamais fait d'opposition, j'aurais toujours cédé, caressé, flatté !... Oui, c'est manifeste, incontestable, et je ne crains pas de le dire, sans vanterie, nommé Procureur général le 25 août, si j'avais été ambitieux, seulement intéressé et égoïste, je serais aujourd'hui, comme tant d'autres, Procureur général en Corse ou même à Paris, ou Premier Président d'une Cour, ou membre de la Cour de cassation, député ou pair, même ministre certainement riche, peut-être millionnaire... Et si je suis pauvre et presque paria, si j'ai été destitué, poursuivi, persécuté, condamné, exilé, presque fusillé, c'est parce que je l'ai voulu, pour rester fidèle à ma conscience, à la cause du Peuple et de la Liberté. Même destitué, il ne tenait qu'à moi de ressaisir le pouvoir et la fortune, car *Louis-Philippe* n'avait signé mon remplacement qu'en recommandant à mon ancien ami *Barthe* de me donner un autre poste où je n'aurais pas l'occasion de manifester mes opinions... Et quand, au milieu de tant de centaines de mes camarades devenus renégats et apostats par ambition et par cupidité, je suis du très petit nombre de ceux qui ont préféré la proscription à l'apostasie, je suis celui que, au nom des ultrà-Communistes, un misérable choisit pour but de ses railleries et de ses injures, de ses outrages et de ses calomnies !!!...

Mais voyez jusqu'où s'égare la haine du pamphlétaire! Il répète que la Corse était un *poste politique*, d'où je pouvais faciliter la Révolution d'Italie, et il prétend que si j'avais été assez heureux pour MENER A BONNE FIN cette Révolution, j'ambitionnais peut-être de *revenir Ministre* pour l'IMPOSER à *Louis-Philippe*... Mais alors, il fallait que je fusse un Ministre populaire, démocrate, révolutionnaire; et l'imbécile m'accuserait! Il me reprocherait d'avoir eu l'ambition d'IMPOSER à *Louis-Philippe* la Révolution d'Italie et la Démocratie! Et si j'avais eu tant d'ambition et tant de puissance, pourquoi l'imbécile ne m'accuse-t-il pas d'avoir voulu non pas seulement être Ministre et imposer, mais me faire Consul, que sais-je, Roi peut-être! Et l'imbécile, le niais, le sot, l'aveugle, le fou ne voit pas qu'il me fait jouer un si grand rôle qu'il ne serait plus qu'un pygmée ou un atôme à côté de moi!!! Que d'absurdités, afin d'être méchant!

Ecoutez-le maintenant rabaisser mon élection :

« Pour être Député, il fallait alors, à Dijon, faire preuve d'*énergie*. Puis, au bout de la Députation, il se trouva une PENSION *pour indemniser le destitué*. Et puis, la Députation est le *Chemin du Ministère.* »

Ainsi les démocrates les plus énergiques m'auraient assez honoré de leur estime et de leur confiance pour se cotiser, afin d'avoir l'avantage de se faire représenter et défendre par un ancien ouvrier, trop pauvre pour supporter seul les dépenses de son mandat; et c'est un prétendu Démocrate qui le trouve mauvais et qui condamne ainsi la détermination des démocrates énergiques! Quoi! *Dupont de l'Eure*, *Laffitte*, *Joly*, dit-on, d'autres que je ne connais pas, *O'Connel* en Irlande, se trouvent honorés d'avoir reçu des souscriptions ou des pensions de leurs concitoyens; et moi je devrais rougir de ce titre d'honneur! Et remarquez que la Police a tant crié alors, comme le pamphlétaire aujourd'hui, contre le projet de souscription publiquement annoncé avant l'élection, que j'ai prié les patriotes énergiques d'abandonner ce projet! D'ailleurs, si j'avais été intéressé, au lieu de recevoir une pension de 4,000 francs, n'était-il pas plus simple de conserver un traitement de 12,000 francs et une belle place qui rendait mon élection incontestable, incontestée, certaine à l'unanimité, puisque le Ministère, au lieu de la combattre de toutes ses manœuvres, l'aurait appuyée de toute sa puissance?

J'ai désiré, insinue-t-il, la Députation, parce que c'est le *Chemin du Ministère!* — Mais si j'avais ambitionné le Ministère, je pouvais y arriver sans la Députation; et si j'avais voulu choisir cette route, j'aurais été député ministériel, tandis que la *Phalange* me signalait récemment comme le représentant de la démocratie dans la Chambre? Et dans le cas où j'aurais voulu arriver au Ministère par l'Opposition, de vive force, en m'imposant à Louis-Philippe, c'est la Démocratie qui m'en ferait un crime, après m'avoir témoigné tant de sympathies et quand ma lutte aurait attiré sur moi tant de persécutions!

Ecoutez la conclusion du pamphlétaire :

« En conclusion, ce qu'il y a de certain, c'est que M. Cabet fut *hostile* à Louis-Philippe; mais cela seul est-il une GARANTIE de *désintéressement* et de *civisme?* Evidemment non! Car, l'*ambition* et le civisme produisent très souvent les mêmes effets. Combien se présentent comme des *martyrs de l'égalité* qui ne sont, à vrai dire, que des *aristocrates* vaincus dans leur duel parlementaire entre eux! »

C'est possible, il est vrai : mais qui présente plus de garanties? Est-ce un jeune homme inconnu, sans actes, sans épreuves!... Est-ce le pamphlétaire?

Ecoutez encore l'absurdité du pamphlétaire :

« M. Cabet répète sans cesse la phrase suivante, qui s'applique également à Garnier-Pagès et à Laboissière :

« Si nous avions été pris, nous aurions été, peut-être, *fusillés* sur « l'heure ou dans les vingt-quatre heures; car, c'est précisément pour « faire un *exemple sur des Députés* qu'on avait décidé l'*état de siége.* » — Plus loin, il aurait été fusillé par la garde nationale ou par les insurgés. — Certes, voilà une position bien bizarre; mais n'y a-t-il rien d'*exagéré?* — Comment se fait-il que M. Cabet *ignore* que les Députés, *d'après la nouvelle comme d'après l'ancienne charte*, sont *inviolables* quand même? et que le Pouvoir, qui était alors si faible qu'il n'a pas osé répandre une seule goutte du sang, même de ceux qui l'ont bravé en refusant de demander leur grâce, que ce pouvoir, dis-je, n'aurait *jamais osé les mettre en jugement* sans la permission de la Chambre des Députés.

Peut-on rien imaginer de plus insultant au bon sens! Quoi! les constitutions anciennes ont empêché de fusiller ou de décapiter des députés! La Charte a empêché d'expulser *Manuel*, de mettre deux fois en état de siége, etc., etc.! Le ministère n'a pas eu la force de fusiller, de mitrailler, de canonner, à Lyon et à Paris, de massacrer à *Saint-Méry* et dans la rue *Transnonain*! La Chambre ne m'a pas, deux fois, livré à la vengeance du Pouvoir!

Ecoutez maintenant le pamphlétaire attaquer mes relations avec

Louis-Philippe en août 1830, et éplucher toutes mes lettres.

Mais, je le répète, pourquoi, dans quel but, dans quel intérêt, après 12 ans, quand j'ai publié ces lettres dans mon procès en 1831, et dans ma lutte avec le *National*, quand il a continué de rester avec moi plus de six mois après cette lutte? Je concevrais cette attaque dans un homme de la Police, mais dans un autre, je ne la conçois pas! N'importe, voyons.

» Mais M. Cabet est le *cauchemar* de Louis-Philippe, à qui il a fait avaler le calice de la *vérité* avec une *indomptable franchise*. Voyons donc comment s'exprime ce *sévère républicain.* »

Oui, ce sévère républicain a dit la vérité, avec une indomptable franchise; car, dès le 1er août, il a dit au Duc d'Orléans qu'il se perdrait s'il écoutait l'avis de Talleyrand, Sébastiani, Dupin; il lui a écrit pour l'engager à convoquer une Assemblée nationale; plus tard, il lui a dit qu'il avait conspiré contre la Restauration, et qu'il conspirerait de même contre lui s'il rendait la Patrie malheureuse. (Voyez *ma carrière*, p. 61, de la brochure contre le *National*). Aussi. dans la conférence du 6 juin 1833 avec MM. Laffitte, Arago et O.-Barrot, Louis-Philippe se plaignit-il que je lui avais fait entendre la vérité avec *amertume*, (v. ci-devant, p. 16), plainte sans fondement à mes yeux, parce que, si j'ai parlé avec une énergique *franchise*, je n'ai jamais parlé avec *amertume*, attendu que je cherchais à persuader et à convaincre.

Oui, je ne rétracte, ni comme trop dures, ni comme trop flatteuses alors, aucune des expressions de mes lettres, et je soutiens que personne n'a parlé avec plus de hardiesse, plus de franchise et plus de fermeté que moi qui, dans la lettre du 3 août, lui disais :

» Vous ne pouvez vous le dissimuler, Prince, les terribles excès de la Royauté ; *votre nom*, qui rappelle les derniers oppresseurs du pays, et même *votre longue inaction*, qui, dit-on, n'a cessé que trop tardivement, vous ont fait de *nombreux adversaires...* »

Dans sa violence et sa folie, le pamphlétaire voudrait sans doute que pour persuader, j'eusse outragé, menacé... Mais, à mon tour, je le blâmerais comme un extravagant... Et d'ailleurs, qu'a-t-il dit, qu'a-t-il fait, où était-il, lui maintenant si acharné à tout critiquer? — Il cite le passage suivant de ma lettre du 3 août:

« Puissiez-vous n'accepter la couronne qu'après qu'une grande assemblée nationale, SPÉCIALEMENT ÉLUE, vous l'aurait offerte avec une NOUVELLE CONSTITUTION ! Ce refus, vous gagnant tous les esprits et tous les cœurs, vous investissant provisoirement de toute la confiance et de toute l'autorité nécessaire, vous assurerait l'unanimité nationale. »

Puis, comme le démon de la déloyauté et de la calomnie, le pamphlétaire ajoute :

« Voilà tout bonnement un CONSEIL à la **MACHIAVEL!** DISSIMULER, ATTENDRE, jouer la comédie !!! »

Eh bien, soit! Voilà ce que dit le pamphlétaire; j'ai donné un conseil à la Machiavel ; j'ai conseillé de dissimuler, d'attendre, de jouer la comédie !! Moi, moi !!! Et où a-t-il vu cela ? Dans le passage ci-dessus, qui conseille de faire élire spécialement une GRANDE ASSEMBLÉE NATIONALE pour faire une CONSTITUTION NOUVELLE ! L'accusation de machiavélisme n'est-elle pas absurde ?

Mais je saisis le pamphlétaire au collet, et je vais lui prouver qu'il tronque, qu'il dénature, qu'il ment et qu'il y a de la scélératesse dans cette calomnie.

D'abord, il supprime déloyalement ces mots, qui terminent la lettre. « Et *préserverait* notre belle Patrie des nouvelles CALAMITÉS qui la menacent, » mots qui excluent toute idée de machiavélisme et de comédie. — En second lieu, il ne peut ignorer les lettres des 7 août et 20 septembre, qui se trouvent aux pages 58 et 60 de *Ma Carrière* et dans lesquelles je disais :

« Eh bien ! avancez hardiment, nettement, complètement, dans la CARRIÈRE NATIONALE. — Point de tergiversation, point de demi-mesures. — Soyez plus LIBÉRAL et plus énergique que les Députés d'aujourd'hui et que vos propres Conseillers. — APPUYEZ-VOUS SUR LA JEUNESSE ET SUR LE PEUPLE qui viennent de combattre et de vaincre, sur ce peuple et cette jeunesse *aussi justes et vertueux* dans la paix qu'*héroïques* dans la guerre. C'est là qu'est la force, c'est là qu'est le dévouement à la liberté et à la Patrie. Électrisés par la victoire, engagés aux yeux de la France et de l'Univers, *ils ne déposeront les armes* que quand les droits de la Nation seront consolidés. Cédez à leur vœu. »

Est-ce là un conseil à la Machiavel, un rôle de comédie ? — Il sait bien que même en septembre, j'écrivais à Louis-Philippe :

« Il faut faire ce que l'on aurait dû faire dès le principe, c'est-à-dire composer un Ministère complètement national et populaire, faire de suite une loi d'élections conforme à l'opinion publique, dissoudre les Chambres, convoquer une grande Représentation nationale, *jeune et énergique*, et se placer hardiment, sans hésitation, sans tergiversation et sans ARRIÈRE-PENSÉE à la *tête de la Révolution....* »

Je le répète, n'y a-t-il pas de la scélératesse à prétendre que je donnais un conseil à la Machiavel ?

Il me reproche d'avoir imprimé, le 7 août :

« Prince, devons-nous vous croire ? Oui, VOUS AVEZ TOUJOURS ÉTÉ FRANÇAIS, etc., etc.

Je le croyais, parce que tout le monde le disait, Thiers, Carrel, le *National*, tous les journaux de l'ancienne Opposition ; Laffitte, Lafayette, Béranger, etc., etc. ; je l'ai cru avec toute la Garde Nationale, avec tout Paris, avec toute la France...

Mais voyez si le pamphlétaire n'est pas fou :

« Quoi ! vous n'aviez pris aucun soin de consulter ni le *Moniteur*, ni l'*Ami du Peuple*, ni le *Vieux Cordelier*, ni le *Journal de Loustalot!* Mais ceci passe l'incurie la plus complète... »

L'imbécile ! sur les trente-deux millions de Français, est-ce qu'il y en avait dix qui avait lu ces journaux avant 1830? Est-ce qu'il les avait lus lui-même? Alors, pourquoi n'a-t-il donc pas écrit ou parlé? Mais c'est peut-être moi qui lui ai appris, à lui ainsi qu'à bien d'autres, l'histoire de notre première Révolution, après avoir consacré cinq ans d'exil à l'étudier et à l'écrire; et c'est lui qui m'accuse!

Il a cependant lu, dans *ma carrière* page 67, la lettre écrite à Louis-Philippe, en octobre 1831, en lui envoyant ma brochure, courageuse s'il en fut jamais, intitulée PÉRIL DE LA SITUATION PRÉSENTE, pour laquelle je faillis avoir un procès. Voici cette lettre:

SIRE,

Un homme qui n'a d'autre guide que sa conscience, d'autre crainte que celle de ne pas faire son devoir, et d'autre ambition que celle d'être utile à son pays pour lequel il est toujours prêt à donner sa vie; dont le cœur, inaccessible à toute haine, n'a d'autre passion que l'amour de la liberté et de la patrie, se croit dans la nécessité de signaler à ses concitoyens l'effroyable danger qui les menace. — Après une longue conversation dont vous l'aviez honoré le 21 septembre 1830, et dans laquelle il vous avait exprimé l'effroi qu'excitait en lui la marche de votre gouvernement, vous lui disiez que vous n'oublieriez jamais ses paroles et son émotion, tant vous étiez convaincu de la pureté et de la sincérité de son dévoûment aux intérêts inséparables du trône et du pays.

Puissiez-vous donner quelque attention à ses terreurs d'aujourd'hui! — Puissiez-vous entendre la voix qui vous crie: L'esprit de vertige et d'erreur aveugle vos ministres et précipite tout, trône, ministère et peuple, dans un abîme. Sauvez-moi, sauvez-nous, Sire; je vous en conjure, au nom de votre honneur, au nom de votre bonté, au nom de la patrie, au nom de l'humanité toute entière.

Je suis, etc. CABET, député.

Voilà ce que le pamphlétaire appelle mes VANTERIES: voyons ce qu'il appelle mes PALINODIES. Il y a des gens qui me regardent comme un des hommes les plus *constants* dans ses opinions progressives: voici le premier qui m'accuse de PALINODIES et de GIROUETTISME, sans craindre qu'on lui reproche d'être le plus odieux des palinodistes, lui qui me trouve aujourd'hui tant de défauts et tant de vices, après m'avoir trouvé hier tant de perfections et de vertus! Quel grand intérêt peut donc le pousser à feuilleter tous mes écrits, pour y trouver quelque tache de contradiction ou de palinodie? N'importe, voyons.

Dans le *Populaire* de 1834, partant pour l'exil (cette circonstance n'a pas même pu calmer la fureur du pamphlétaire), j'ai dit:

« Me voilà condamné sur la demande des ministres de Louis-Philippe, moi qui, le 31 juillet 1830, ai DÉTOURNÉ LE BRAS qui voulait l'immoler! »

Et remarquez bien que mon seul but ici était d'indiquer le double fait d'avoir empêché d'immoler et d'être exilé par celui que j'avais sauvé; mon but n'était pas d'indiquer *où* et *comment* j'avais détourné le bras, cette circonstance étant complètement inutile pour la moralité que je voulais signaler. — Mais, dans *ma carrière* (p. 51), répondant à un fait précis, j'ai dit :

« On dit qu'à l'*Hôtel-de-Ville* j'ai détourné un *pistolet* que quelqu'un allait tirer sur le duc d'Orléans. — Non, je ne sais ni qui, ni si quelqu'un a montré et dirigé un pistolet; je n'ai vu personne; je n'étais pas même à l'Hôtel-de-Ville; je ne me suis trouvé nulle part sur le passage du Duc. »

Voilà les deux passages que le pamphlétaire transcrit pour prouver la PALINODIE; et il ignore même sa langue, car ce ne pourrait être qu'une *contradiction* entre deux faits; mais voyez sa perpétuelle DÉLOYAUTÉ ! Il supprime cette suite du dernier passage :

« Il est vrai que j'ai vu, après le 1er août, *chez moi* ou *chez lui*, un citoyen qui était très irrité contre les Bourbons, qui parlait de dévouement, de *coup de fusil* et de mort, et qui était bien capable de frapper le Lieutenant-général du royaume ; il est vrai que je le DÉTOURNAI DE CES IDÉES ; et, vous en direz ce que vous voudrez, Messieurs du *National*, quoique j'aie été bien *persécuté* et bien *menacé* dans mon existence, je ne m'en *repents pas*, parce que je ne consulte jamais que l'intérêt du pays, et parce que je doute très fort qu'un meurtre n'ait pas été plus nuisible qu'utile. »

C'est donc manifeste : en disant *détourner le bras* j'entendais *détourner la volonté* qui aurait dirigé le bras. Ne faut-il pas être bien troublé par la méchanceté pour voir là de la PALINODIE ?

Pour me convaincre encore de *palinodie*, le pamphlétaire va chercher le *Populaire* du 2 *mars* 1834, vieux de huit ans, dans lequel j'annonçais ma CONDAMNATION, et dans lequel je disais :

« Patriote de conviction et de dévouement ; luttant depuis 1815 contre la persécution et le despotisme ; *ami de Manuel*, dont la mort est la plus irréparable des pertes qu'a faites le pays ; *honoré* de l'amitié de Lafayette, Dupont de l'Eure, Laffitte ; intimement lié avec les Gardes-des-Sceaux Mérilhou et Barthe, mes anciens frères ou complices en carbonarisme ; homme de juillet ayant payé ma dette de sacrifices et de périls ; accueilli, dès le 1er août, par le Duc d'Orléans ;.... je pouvais, comme beaucoup d'autres, aspirer aux faveurs royales et ministérielles, aux honneurs, aux dignités, à la fortune ; mais je ne balançai jamais à sacrifier mon *intérêt* à ma *conscience*, ou plutôt je ne trouvai jamais mon intérêt que dans l'accomplissement de mes *devoirs* patriotiques, et mon *bonheur* que dans la satisfaction de ma conscience....

« Mais me voilà condamné, privé de mes droits politiques, pour avoir exprimé des opinions consciencieuses et défendu les intérêts du Peuple et de la vérité....

« Mais, si je ne puis plus parler, tant qu'il me sera permis d'écrire, ma PLUME du moins sera *consacrée* aux intérêts du Peuple et de la liberté. »

Et j'ai tenu parole, en écrivant constamment depuis une foule de grands et petits ouvrages sur l'Histoire, sur la Révolution et sur l'organisation sociale de la Communauté.

Eh bien ! rien n'arrête le pamphlétaire, ni le service que j'ai rendu en fondant le premier *Populaire*, ni son immense popularité (tirage à 27,000), ni l'extrême sympathie qu'excitèrent pour moi la poursuite d'abord, puis la condamnation (sympathie manifestée par un grand concours de spectateurs, par un grand déploiement de force militaire dans le Palais de Justice et autour, par des députations des écoles pour me complimenter, et par un grand nombre d'Adresses), ni la gravité de ma position d'alors, ni mon exil, ni mes nombreux travaux depuis, ni les nombreuses sympathies qui m'honorent de nouveau!... C'est dans ce *Populaire* du 2 mars 1834 qu'il va fouiller pour en extraire ces mots :

« *Honoré* de l'amitié de *Lafayette*, etc., intimement *lié* avec les Gardes-des-sceaux Mérilhou et Barthe, je fus l'une des premières victimes du Ministère du 13 mars. »

Et voici le crime qu'il y trouve ; il ajoute :

« *Honorable* amitié, et *honorables* liaisons intimes, en effet ! *honorables personnages* que vous-même *traînez dans la boue* dans toute occasion, ainsi que tous vos anciens confrères en *carbonarisme*, qui n'étaient mus, avouez-vous, que par l'*égoïsme* et l'*idée bourgeoise!* Comment donc tirez-vous vanité d'avoir été JUGÉ DIGNE de figurer au COMITÉ DIRECTEUR en compagnie de PAREILS HOMMES ? »

D'abord, je ne me suis pas honoré de mes liaisons intimes avec Mérilhou et avec Barthe ; j'ai seulement cité un fait certain, c'est que j'avais été intimement lié avec eux, *carbonaro* avec eux, et que, si j'avais adopté leurs nouvelles opinions, j'aurais certainement partagé leur fortune politique. — Je n'ai jamais dit que Mérilhou et Barthe faisaient partie du *Comité-Directeur* ; ils n'étaient que simples *carbonari*, tandis que j'avais été ÉLU par un CONGRÈS CHARBONNIQUE composé des Députés de la Charbonnerie, membre du COMITÉ DIRECTEUR avec Lafayette, Manuel, Dupont de l'Eure, d'Argenson, George Lafayette, Kœchlin, Corcelle, de Schonen, et trois autres, tous Députés, excepté de Schonen et moi. — Je n'ai jamais non plus traîné ces hommes dans la boue. — Ainsi, le pamphlétaire ment ou se trompe sur tous ces points.

En second lieu, quelle rage de me dire déshonoré parce que j'aurais été, dès 1822 et 1823, JUGÉ, par un Congrès, DIGNE d'entrer dans le Comité Directeur, avec l'élite des Députés populaires ! Voilà cet insecte qui croit flétrir de son petit sifflement toute la Charbonnerie et tout le Comité Directeur (par conséquent même d'Argenson, même Teste, même Buonarotti !).

La mort de Lafayette racontée dans le *Populaire* va fournir un nouveau prétexte au pamphlétaire. Il me reproche d'avoir entouré de *bandelettes de deuil* le numéro du 25 mai et d'y avoir inséré ces phrases :

« *Lafayette* était, il y a quelques jours encore, le plus GLORIEUX et ILLUSTRE représentant de notre première Révolution... Après avoir traversé avec honneur la crise difficile de la fuite de Louis XVI, il entra dans la seconde phase de sa carrière militaire. »

D'abord, le pamphlétaire, si la méchanceté la plus furieuse ne troublait pas son cerveau, aurait vu que l'article du 25 mai n'est *pas signé par moi*, et il aurait deviné qu'étant à Londres, en exil, il était matériellement impossible que, du 21 mai, jour de la mort, au 25, jour de la publication, j'eusse eu le temps de recevoir la nouvelle, de rédiger l'article, de l'envoyer et de le faire imprimer.—Je ne sais quel est l'auteur de l'article; tout ce que je sais, c'est que *Garnier-Pagès* avait bien voulu me remplacer dans la direction.

En second lieu, voyez l'indigne déloyauté du pamphlétaire qui, au lieu de DÉBRIS LE PLUS GLORIEUX, transcrit le PLUS GLORIEUX *représentant* de la Révolution, et qui supprime cette fin de l'article :

« Il a pensé que la France devait traverser la Monarchie constitutionnelle pour *arriver* A LA RÉPUBLIQUE ; et après de trop déplorables essais, il trouvait déjà le trajet BIEN LONG. C'est à la génération nouvelle à PRENDRE L'OEUVRE SAINTE où il l'a laissée. Qu'elle soit comme lui prudente, et lorsqu'il le faudra, comme lui, dévouée et courageuse; un jour viendra où elle redira, en invoquant son nom, que, POUR LES PEUPLES OPPRIMÉS, L'INSURRECTION EST LE PLUS SAINT DES DEVOIRS. — Ce jour-là sera le véritable jour des funérailles de Lafayette; ce jour-là le Despotisme aura disparu. »

Voyez une autre déloyauté, quand il transcrit seulement, du numéro du 1er juin, signé par moi, la finale suivante :

« Quant à nous, Républicains, la VIE TOUT ENTIÈRE de *Lafayette* nous crie de son tombeau : « Persévérance, courage, union, prudence! » Ecoutons sa voix et nous finirons par triompher. »

D'abord, il ne sait pas, le téméraire, que l'on a supprimé, comme trop hardi et dangereux, un paragraphe de mon manuscrit, envoyé de Londres, dans lequel je disais que Lafayette devait consacrer tous les instants de vie qui lui restaient à réparer le mal fait par sa crédulité.— En second lieu, cette idée se trouvait encore exprimée par les passages suivants :

« Quelle fatalité cruelle vient nous le ravir TROP TOT *pour nous* et POUR LUI !... Faut-il qu'il expire au moment où, plus que jamais, il sentait le besoin de combattre pour son pays et pour l'Humanité !...

« Que *quelques hommes* du parti populaire, entraînés par leurs *sentiments*, plus peut-être que par la *prudence* et par la considération de l'*intérêt général*, n'aient pu PARDONNER à *Lafayette* d'avoir accepté, *sans garantie*, la Royauté nouvelle, on ne peut s'en étonner : ils ont été si cruellement trompés, ils sont si opprimés, ils sont si malheureux de voir la Révolution trahie, la liberté compromise, la Nation presque déshonorée! »

J'étais donc loin de louer Lafayette sans aucune réserve ! Quel crime le pamphlétaire peut-il donc trouver dans mon article? — Le voici :

« Et c'est ce *même Lafayette* que, *peu de temps après* (puisque, dites-vous, dès les premières années de votre exil, vous composâtes votre HISTOIRE DE LA RÉVOLUTION), vous traînerez sur la claie d'un bout à l'autre de votre *Histoire*. »

D'abord, il n'est pas vrai que j'aie fait mon Histoire *peu de temps après* : j'ai consacré les trois premières années de mon exil à étudier, à lire, à analyser; puis j'ai rédigé, et ce n'est qu'en 1837, aux deuxième et troisième volumes, que j'ai exprimé mon jugement sur *Lafayette.* — En second lieu, que peut me reprocher un Démocrate? Ce n'est certainement pas d'avoir eu le courage de faire taire mes sentiments affectueux envers l'homme et de m'être exposé à me faire de nombreux et redoutables ennemis pour juger impartialement et sévèrement le personnage politique et historique, quand une étude plus approfondie m'avait fait connaître toute la vérité !

« Comment EXPLIQUER VOS ÉLOGES de 1834 quand vous l'*accusez* d'avoir été un *traître en* 1830? »

Quoi ! j'aurai fait deux grands ouvrages historiques, démocratiques, populaires, deux ouvrages hardis, courageux, les premiers faits dans leur genre, dont l'un, la *Révolution de* 1830, m'a valu un procès, dont l'autre, la *Révolution de* 89, etc., m'a tenu deux ans dans les angoisses ; c'est moi qui, le premier peut-être, dans ma Révolution de 1830, ai reproché à *Lafayette* son excessive confiance en 1830 ; c'est moi qui probablement ai enseigné au pamphlétaire les véritables fautes de Lafayette; et cet être oisif et parasite, qui n'a rien produit encore, qui n'a rendu aucun service, vient m'interroger sur chaque ligne et sur chaque mot! N'est-ce pas le dernier degré de l'impertinence?

Je réponds néanmoins, pas à lui mais au Public, que mes éloges de 1834, expliqués par mes critiques de 1831, dans ma Révolution de 1830, n'ont jamais été ni excessifs ni sans réserve ; que je ne crois pas l'avoir jamais accusé d'avoir été un *traître en* 1830; et que toutes mes accusations graves contre lui sont postérieures à 1834, quand elles m'ont été arrachées par la force de la vérité à moi révélée par une nouvelle étude.

Mais voyez le ton que va prendre ce ver de terre !

« Quant à sa conduite passée, direz-vous aussi que vous *ignoriez* son histoire? Mais, dès 1832 *ou* 1833, sa *biographie* vous avait été adressée, biographie contenant les preuves, les pièces justificatives de tous ses EXÉCRABLES *forfaits!* Et quels étaient les *auteurs* de cette biographie? MM. CHARLES TESTE, *Gigault* et le VÉNÉRABLE BUONAROTTI. Il ne pouvait donc vous rester l'ombre d'un doute, d'autant que la *Tribune* avouait tout, tout en se déchaînant contre ceux qu'elle appelait des hommes *purs et moraux* à la vérité, mais de MALENCONTREUX POLITIQUES. Comment pouviez-vous donc vous PARER de l'*amitié de cet homme*, monter côte à côte avec lui *dans sa voiture* au convoi de *Dulong*, vous *enivrer* de PARTAGER LES VIVAT adressés à CET INFAME ! Comment, dans votre numéro d'avril, pouvez-vous revendiquer encore cette *solidarité néfaste?*

D'abord non, je n'étais pas *dans la voiture* de Lafayette au convoi de Dulong. Rien de si ignorant, de si présomptueux, de si téméraire, que cet écrivailleur, ce petit maître de pension, qui ne s'est jamais montré nulle part pour être utile et qui maintenant se glisse partout pour injurier et calomnier, pour compromettre et nuire ! Il est vrai que j'ai *partagé*, mais sans m'en *enivrer*, les VIVAT adressés à Lafayette, tandis qu'aucun autre nom n'était prononcé, quoique le Peuple et la Jeunesse démocrate fussent là plus nombreux et plus serrés que je ne les ai jamais vus, et quoiqu'ils y vissent plus de cent Députés de l'Opposition et toutes les notabilités de la Presse et de la Démocratie. Il est encore vrai que, Député, organe le plus avancé à la tribune (comme dit la *Phalange*) du parti démocrate, Directeur de l'Association libre pour l'éducation du Peuple, membre des Comités de toutes les autres Associations patriotiques, Directeur du *Populaire*, provoqué en duel par un Ministre, poursuivi dans la Chambre et devant la Cour d'assises pour avoir défendu les Polonais et la République, j'étais honoré de la confiance et de la sympathie populaires. Il est vrai que j'ai eu assez d'influence et de bonheur pour rendre un incalculable service (dont presque personne peut-être ne s'est douté, parce qu'on ne voit pas les faits *négatifs*), pour empêcher une émeute que paraissait désirer la Police, et pour prévenir un carnage des patriotes pour lequel tout paraissait se préparer (car j'appris, pendant le convoi, que des canons arrivaient de tous côtés, et j'obtins des ouvriers et des jeunes gens qu'ils se séparassent sur le boulevard sans s'engager dans les rues étroites et inconnues entre le boulevard et le cimetière du Père-Lachaise). Il est vrai encore que, pour revenir, *Arago*, *Carrel* et *George*, je crois, montèrent dans la voiture de *Lafayette*, et que, sur son invitation, j'y entrai d'abord : mais, quand je vis entrer *Arago* et *Carrel*, j'en descendis aussitôt par une pensée de prudence, ou, si l'on veut (car je me livre pour dire la vérité), de vanité, d'orgueil, de présomption, par la pensée qu'il n'était pas sage d'enfermer ensemble les hommes qu'une masse ardente paraissait le plus disposée à choisir pour ses chefs ou ses instruments.

Je sais bien qu'il y avait quelques hommes irrités contre ma prudence parce que leur OPINION était *favorable* à l'émeute : mais mon OPINION était *contraire*; et de même que, par patriotisme, ils auraient donné leur vie pour amener une émeute, de même, par patriotisme aussi, j'aurais donné la mienne pour l'empêcher.

Je sais bien aussi que *Buonarotti* et *Teste* étaient extrêmement hostiles à Lafayette (quoique Teste ait été, je crois, dans la charbonnerie, du parti Lafayette contre Manuel), et que leur OPINION était qu'il fallait le démonétiser actuellement : mais mon OPINION était que, tout en reconnaissant ses défauts et ses fautes, il fallait se rallier à lui dans l'intérêt public, parce qu'il était la plus puissante des notabilités et des influences, sauf à prendre toutes les précautions et toutes les garanties nécessaires pour l'empêcher de faire le mal qu'il avait fait. J'eus même, avec *Buonarotti*, à ce sujet, dans une réunion patriotique (que le pamphlétaire était trop insignifiant pour connaître alors), une vive discussion dans laquelle chacun soutint son opinion sans qu'aucun pût avoir la présomption de se croire infaillible.

Je sais bien encore que quelques membres des *Droits de l'Homme* étaient d'opinion qu'il fallait déclarer la guerre à Lafayette, comme quelques partisans des *Sociétés secrètes* sont peut-être d'opinion qu'il faut m'attaquer ; je sais que, dans une assemblée générale pour l'élection du Comité central de l'Association libre pour l'éducation du Peuple, deux ou trois membres des *Droits de l'Homme* excitèrent un violent tumulte en s'opposant à l'élection de Lafayette, qu'ils voulurent attaquer comme un ennemi du Peuple et de l'égalité ; je sais même que, à sa mort, des membres des Droits de l'Homme, prisonniers à *Sainte-Pélagie*, illuminèrent en signe de joie ; je sais tout cela : mais mon OPINION, aussi libre et aussi respectable que toute autre, désapprouvait (comme je l'ai indiqué dans le *Populaire* du 1er juin ci-dessus analysé), blâmait, déplorait, ces manifestations hostiles comme un brandon de discorde et comme la perte de la Démocratie. Aussi les émeutes d'avril ont produit de beaux fruits !

Eh ! que parle-t-on de la *biographie* de Lafayette publiée en 183', par *Ch. Teste*, *Gigault* et *Buonarotti*, que probablement le pamphlétaire n'appelle VÉNÉRABLE que dans l'espoir de mieux m'écraser, parce qu'il sait que son nom est vénéré des Communistes ! De quel droit vient-il invoquer ici contre moi ces noms ? Je regrette infiniment son audace ; car il me met dans la nécessité de me défendre contre l'attaque dont on les rend les instruments, et je suis forcé de m'expliquer avec ma franchise ordinaire.

Je connaissais depuis longtemps *Buonarotti*, ses opinions, ses sentiments, son admiration pour le caractère de Robespierre, qu'il avait intimement fréquenté, son attachement pour Babeuf dont il avait partagé les efforts et l'infortune, enfin son enthousiasme pour la Communauté : j'avais pour lui, pour son dévouement, pour ses vertus, pour ses travaux, une vénération plus sincère que celle qu'affecte le pamphlétaire en profanant son nom. Quoique nos opinions ne fussent pas identiques sur tous les points (le vieillard étant plus lié par ses souvenirs au passé, et moi me trouvant naturellement plus indépendant et plus impartial vis-à-vis des événements consommés), je fus un des premiers patriotes qui, à son retour de l'exil, reçurent de lui son *Histoire de la Conspiration de Babeuf* comme témoignage de son estime et, dans mon propre exil, je me faisais un plaisir de lui envoyer, comme à d'Argenson, un des premiers exemplaires de mon *Voyage en Icarie*, convaincu que mon travail lui donnerait un moment de bonheur, quand sa mort vint m'affliger en m'enlevant une de mes espérances. L'estime qu'il me témoigna toujours, la confraternité qui nous unissait dans plusieurs associations qui exigeaient une confiance sans bornes, me donnent la conviction qu'il serait aujourd'hui bien scandalisé des outrages du pamphlétaire contre moi, de ses attaques contre Robespierre (car nous verrons bientôt qu'il attaque Robespierre), et de son dédain pour la morale et le dévouement.

Je connais depuis longtemps aussi *Ch. Teste*, son attachement à Buonarotti, sa prédilection pour Babeuf, sa probité, son désintéressement, son dévouement; je sais qu'un certain nombre d'amis, formant école autour de lui, s'honorant du titre de Babouvistes, ont été très contrariés du jugement que mon impartialité m'a dicté sur Babeuf et sa conspiration dans mon *Histoire de la Révolution* (et l'un d'eux m'a même écrit, à ce sujet, au nom de tous, une lettre critique, à laquelle je serai enchanté de répondre s'ils veulent la publier); je sais aussi que plusieurs Babouvistes ont de récentes relations avec le pamphlétaire et se servent de lui contre moi, probablement sans connaître son pamphlet: mais *Ch. Teste*, avec qui je suis lié depuis longtemps par une confraternité politique, m'a donné trop de témoignages d'estime et me paraît trop estimable lui-même pour que je puisse admettre l'idée qu'il approuve et qu'il encourage de pareilles indignités.

Quant à M. *Gigault*, je n'avais jamais entendu prononcer son nom, et je ne le connais nullement: je sais seulement ou crois me rappeler que, *Marrast* ayant rudement blâmé, dans la *Tribune*, l'auteur ou les auteurs de la *Biographie de Lafayette*, et un cartel lui ayant été présenté par M. *Gigault*, seul signataire, *Marrast* refusa le duel par le motif que M. *Gigault* avait une réputation si mauvaise qu'il était impossible de se battre avec lui sans s'avilir; il fallut prouver qu'il y avait plusieurs jeunes gens qui portaient le même nom et que le Gigault signataire n'était pas le Gigault mal famé. On se rendit alors sur le terrain, où l'on sait qu'aucun des adversaires ne resta.

Quoi qu'il en soit, j'ai bien connu la *Biographie* faite par *Buonarotti* et *Teste*, signée et publiée par Gigault seul; et je ne pouvais l'ignorer, puisque j'en ai été pour ainsi dire la cause ou l'occasion, par la vive discussion que j'avais eue avec Buonarotti, chez le docteur Aud......, quelque temps auparavant (voir ci-dessus p. 84) : mais j'ai vivement blâmé, et avec raison, je le soutiens encore, deux choses : 1o la publication inopportune de la *Biographie* en elle-même ; 2o l'anonyme gardé par Buonarotti et par Teste, ce qui excita un cri presque universel de désapprobation parmi les patriotes.

Lafayette était, en effet, la plus grande et la plus puissante notabilité de l'époque. Toutes les manifestations publiques, tous les événements le prouvent irrécusablement. On avait beau connaître ses défauts et ses fautes, toute l'Opposition sentait le besoin de se rallier autour de lui. Opposants au despotisme impérial, opposants à la Restauration, Députés opposants, Garde Nationale, Charbonnerie (60,000 révolutionnaires), Républicains depuis 1819 à 1830, hommes de juillet, Bourgeoisie, Peuple, Associations patriotiques, le choisissaient pour chef et pour drapeau; ce sont ceux qui désiraient le plus une révolution qui montraient le plus d'ardeur à se rallier à lui; s'il y avait d'autres révolutionnaires qui, comme Buonarotti dominé par sa vieille haine politique, ne voulaient faire aucune concession à l'opinion universelle et voulaient au contraire dépopulariser et tuer Lafayette, ils étaient en si petit nombre que c'était une goutte d'eau dans la mer.

Mais, admettons que *Buonarotti, Teste*, etc., avaient raison dans leur haine contre Lafayette, et qu'ils auraient sauvé le pays s'ils avaient pu lui ouvrir les yeux : Que devaient-ils faire pour remplir leur devoir et pour atteindre leur but? Plus le mal était grave, invétéré, enraciné, plus il fallait chercher le plus habile médecin! Il fallait faire attaquer Lafayette par *d'Argenson*, ou par *Dupont de l'Eure*, ou par *Arago*, ou par *Cormenin;* et si tous ces hommes, loin de vouloir l'attaquer, voulaient le défendre (ce qui devait démontrer le danger de l'attaque), *Buonarotti* et *Teste* devaient se dévouer à l'attaquer eux-mêmes, en plein jour, avec l'arme de leur vertu connue! Ils se sentaient trop faibles encore, dira-t-on! Eh bien, alors, il fallait continuer le silence! Mais faire attaquer le colosse *Lafayette*, le colosse *Opinion publique*, le colosse *préjugé*, par un jeune homme inconnu ou dont le nom était mal famé, en se cachant derrière le rideau, en avouant par là qu'on avait pour ainsi dire honte de l'attaque, qu'était-ce? Quel bien cela pouvait-il produire? De l'affliction pour le plus grand nombre de ceux qui connaissaient la source, de l'irritation chez d'autres, de la division, un blâme public, un duel, et pour la masse rien, absolument rien! Personne, ou presque personne, n'a lu la *Biographie*; elle n'a point eu de publicité; elle n'a pas vécu pour le Peuple; et dans tous les cas, elle n'a rien changé dans les sentiments populaires; elle n'a rien empêché, ni l'*Association libre pour l'éducation du Peuple* de l'élire presque unanimement membre de son comité central, ni la masse entassée au convoi de Dulong de le saluer des plus bruyants *vivat*.

Et cette masse, c'étaient les ouvriers, les étudiants, les démocrates, les Républicains d'alors, les *Réformistes*, et les *Communistes* d'aujourd'hui!

Et quand un pamphlétaire, qu'on dirait sorti de la fange, vient dire aujourd'hui que ces vivat s'adressaient à un INFAME, que dire de lui? Quand il outrage ainsi toute cette Nation, tout ce Peuple qui glorifiait Lafayette, et qu'il accuse indirectement d'ineptie et de stupidité, que dire de lui? Et quand il m'outrage moi-même, moi qui, pour prix de mon dévouement et de mes travaux, et de mes services, *partageais*, selon lui, les *vivat* populaires, que dire encore de lui?

Voici maintenant qu'il m'accuse de CAPTATION. C'est bien autrement grave : écoutez bien!

Et auparavant, remarquez encore qu'il ignore la valeur du mot CAPTATION, et que les faits qu'il incrimine, en les supposants même incriminables, n'auraient nullement le caractère de la CAPTATION. Voici ces faits :

« CAPTATION. — Dans la longue série de vos services et de vos sacrifices, vous rappelez souvent 1° votre exil; 2° la publication de votre HISTOIRE DE LA RÉVOLUTION; 3° la publication du VOYAGE EN ICARIE;

4° l'ajournement de cette publication. Voyons encore si, dans ces circonstances, il n'est rien à rabattre sur l'*inventaire de vos vertus?* »

Jusqu'ici, il n'y a que de l'impertinence ! Continuons.

Ma condamnation, mon exil, rien ne l'arrête : il va fouiller dans le *Populaire* du 23 mars 1834, dans lequel j'exposais à mes concitoyens le motif de ma sortie de France, et il en extrait ce passage :

« POURQUOI JE M'EXILE. — .... *Mes amis* pensent encore qu'une Police qui embrigade des assommeurs et fait assassiner les passants est capable de tout envers ceux qu'elle regarde comme de redoutables ennemis, surtout dans certains moments de frayeur et de périls, et que l'on ne doit braver le danger que lorsque cela peut avoir un résultat favorable aux intérêts du pays. *Mes amis* me pressent de partir ; ils m'en font même un devoir de patriotisme. — Je cède, je pars. »

Oui, j'aurais mille fois préféré deux ans de prison à Paris (qui n'étaient rien pour un homme d'étude et qui ne m'auraient pas empêché de soigner mes intérêts personnels) à cinq ans d'exil à Londres, dans un pays qui n'était pour moi qu'une prison plus éloignée ! Mais quel crime de CAPTATION le pamphlétaire peut-il donc trouver là? Le voici :

« Or, quels étaient ces *amis* pour lesquels vous aviez tant de condescendance? Ces amis, c'étaient les *Lafayette*, les *Laffitte*, les *Mauguin*, etc., etc. Tous, depuis longtemps, avaient *trahi* la cause populaire. Mais, la veille de votre départ, vous étiez avec eux dans les salons de Lafayette où l'on vous votait, *par souscription*, une pension de 5,000 fr., pension qui s'est trouvée réduite, la dernière année de votre exil, à la somme de 3,000 francs. »

Ainsi, mon crime de CAPTATION consistait à avoir pour amis *Lafayette*, *Laffitte*, *Mauguin*, etc., etc., qui tous, depuis longtemps, avaient *trahi* la cause populaire. Mais j'avais pour amis politiques les 60 Députés les plus démocrates et les plus populaires, qui m'avaient assisté pendant mes deux procès, les 180 à 200 membres de l'Opposition, *Garnier-Pagès* qui voulut partager ma défense avec *Marie*, mon défenseur et mon ami, que Paris vient de placer au nombre de ses représentants, *Joly*, *Dupont de l'Eure*, *Arago*, *Cormenin*, *Nicod*, le général *Thiars*, *Audry de Puiraveau*, surtout d'*Argenson*, qui m'honora toujours d'une amitié particulière, et qui, dans la dernière réunion, m'assurait (j'étais assis près de lui) que mon éloignement n'altérerait en rien l'affection de mes collègues... Et le pamphlétaire affirme que tous ces hommes, tous mes amis, même d'Argenson si vénéré par le vénérable Buonarotti et par Teste, avaient *trahi* la cause populaire ! Il me dit déshonoré parce que l'élite de la France démocrate, à laquelle s'adjoignait volontairement plus d'une Notabilité qui n'était pas dans la Chambre, m'honorait assez pour me faire, par souscription, une pension de 5,000 fr. (c'était 4,000 fr.) pour aider ma pauvreté dans un exil dont la cause était mon dévouement au Peuple, mes écrits en faveur des proscrits Polonais et de la République ! Que dire encore ici du Pamphlétaire ?

Du reste, sa témérité l'égare quand il dit que c'est dans le salon de Lafayette que la pension m'a été votée : c'est dans celui du général *Thiars*.

Le voici qui revient à ma *Carrière*, dans ma brochure en défense contre le *National* (car on les épluche, mes écrits), dont il extrait ce passage :

Vous ajoutez : « Le gouvernement n'aurait pas manqué de séides su-
« balternes pour arrêter Lafayette, Arago, Carrel, Cavaignac, Guinard,
« Raspail et quelques autres, objets d'une constante haine ; et si nous
« avions tous été sous les verroux, qui pouvait nous garantir contre la
« fureur du zèle... ? Mais de pareilles idées ne viennent dans les têtes
« que quand on peut se débarrasser de tous ses ennemis à la fois ; et,
« dans ces tempêtes, les absents sauvent les présents.
« Ainsi, à votre compte, vous ne seriez parti que pour *sauver* les *chefs*
« de la démocratie d'une Saint-Barthélemy nouvelle, ou que pour venir
« venger leur mort !!! »

Oui, qu'on le sache bien, j'ai pu me tromper dans mes prévisions, j'ai pu même me laisser aveugler par la présomption, si l'on veut, en croyant, d'après l'acharnement du Pouvoir contre moi, qu'il me regardait comme un de ses plus redoutables adversaires ; mais la vérité est que mon but a été de préserver, en m'exilant, Lafayette, Arago, Carrel, Cavaignac, Guinard, Raspail et quelques autres ; la vérité est que je me suis exilé dans un but d'intérêt public. Mais le pamphlétaire ajoute :

« Certes, si telles étaient vos intentions, ce n'est pas moi qui inciterai à l'ingratitude..... Mais qu'est-ce qui nous prouve un dévouement aussi complet que vous affectez de nous le ressasser ? Ne pourrait-on pas penser que vous y trouviez les *compensations suivantes* : 1° éviter la prison ; 2° travailler à vos ouvrages, et pour votre profit, de même et plus tranquillement, peut-être, que vous auriez pu le faire en France ; 3° la *pension* qui vous fut accordée à ce sujet par le comité Lafayette, Laffitte, etc. ? Combien d'écrivains égoïstes se *dévoueraient aux mêmes conditions ?* »

Allons, le voilà qui insinue que j'ai préféré, par *égoïsme*, CINQ ans d'exil à *deux* ans de prison, et qui est fâché que j'aie trouvé quelque *compensation* dans l'exil, et que je n'y sois pas mort, tué par le choléra et par la maladie du climat, dont j'étais atteint depuis longtemps, quand Audry de Puiraveau rapporta que j'y périssais de chagrin et d'ennui, ce qui détermina ma femme et ma fille à tout braver pour venir me rejoindre !

Ici, la haine (et comment est-il possible que j'excite tant de haine, moi dont le cœur est si rempli de bienveillance !), la haine aveugle le malheureux jusqu'à dire :

« Votre *premier Populaire*, de 1834, ne fut jamais ÉGALITAIRE et se trouvait même, depuis longtemps, en FORT MAUVAISE ODEUR de sainteté auprès des VRAIS DÉMOCRATES, et en particulier auprès de ceux détenus à *Sainte-Pélagie*. »

Et cette idée est la même que celle qui se trouve exprimée plus brutalement dans une lettre d'un souteneur du pamphlétaire, qui m'écrit que LES RÉPUBLICAINS *de* 1834 *me* MAUDISSAIENT.

Et je devine quel est le démon de vengeance qui a soufflé cette idée... Et mon âme en a été comme accablée ; car c'est un des plus effrayants exemples de la perversité humaine !!!

Quoi ! mon premier *Populaire* ne fut jamais *égalitaire !* Et qu'était-il donc ? quel journal l'était *davantage ?* quel journal l'était *autant ?* Y avait-il alors des *Communistes ?*

Je sais bien qu'il y avait scission et deux partis dans les *Droits de l'Homme* (funeste division qui a tout perdu !) ; je sais que quelques hommes, en très petit nombre, se prétendant plus patriotes, plus démocrates et plus républicains que le *Populaire* d'alors, parce qu'ils étaient plus impatients et plus fougueux, criaient contre le journal et contre moi ; l'un d'eux même, à qui je l'envoyais gratuitement par amitié, me le renvoya parce que, au lieu de transcrire en entier (ce qui m'aurait coûté très cher et ce qu'on ne s'était pas même donné la peine de me demander) le volumineux MANIFESTE des *Droits de l'Homme*, je m'étais borné à en faire l'analyse sans m'identifier complètement avec lui ; mais je n'ai jamais su que j'étais en *fort mauvaise odeur* de sainteté auprès DES *vrais démocrates*, que j'étais MAUDIT par LES *Républicains* d'alors. — Mais le fait est manifestement faux ; car j'étais alors, par une double élection unanime, à la tête de l'*Association libre pour l'éducation du Peuple*, et à la tête de l'Association pour la liberté individuelle ; j'étais de la Commission de secours pour les détenus politiques, des Comités de toutes les Associations populaires, et surtout du Comité le plus central et le plus dirigeant ; le *Populaire*, fondé par moi et tiré à 27,000 exemplaires au 8e numéro, était le journal le plus radical et le plus influent ; enfin, les VIVAT qu'on dit partagés par moi et par moi seul avec Lafayette, prouvent que je n'étais pas, au moment de mon exil, maudit par la masse des vrais démocrates et des vrais républicains, à moins qu'on ne considère comme seuls *vrais démocrates* et seuls vrais républicains une douzaine de jeunes gens qui se trouvaient alors détenus à Sainte-Pélagie comme instigateurs des Coalitions d'ouvriers. — Et tous ces prisonniers ne me maudissaient pas ; car le docteur *Berrier-Fontaine*, par exemple, l'un des plus purs et des plus estimables, devenu l'un des Communistes les plus enthousiastes, n'a jamais cessé de me témoigner autant d'estime que d'affection. — Et j'en connais un autre, devenu de même Communiste ardent, qui portait la vénération pour moi jusqu'au dévouement le plus absolu. — Et si quelque vrai démocrate, quelque vrai républicain, (qu'importe lequel) le plus estimable si l'on veut, me maudissait parce que ma prudence contraignait son impatience, qu'est-ce que cela prouverait ? Que nous n'avions pas la même opinion, voilà tout ! Mais cela ne prouverait nullement qu'il avait raison et que j'avais tort, ni surtout que j'étais coupable et maudissable ; car mon adversaire en opinion n'était assurément ni un Dieu, ni un Génie, ni un Pape doué d'infaillibilité ! — Et d'ailleurs, qui l'empêchait de faire un autre *Populaire*, de parler, d'écrire, de persuader, de convaincre, de rendre tout le monde *vrai démocrate* et *vrai républicain* comme lui ? Pourquoi n'a-t-il pas empêché la prodigieuse popularité de mon *Populaire*, et les VIVAT que je partageais avec Lafayette ? — Et le pamphlétaire ne voit pas qu'il insulte la masse des démocrates, des républicains, des partisans du *Populaire*, des membres des Associations et des crieurs de VIVAT, en les représentant comme n'étant que de faux démocrates et de faux républicains ! — Et lui, où était-il alors ? Que faisait-il alors ? Pourquoi ne s'est-il pas fait bénir, en faisant un journal égalitaire ? Ou plutôt, pourquoi a-t-il été assez incapable pour ne pas trouver 100 abonnés à son journal l'ÉGALITAIRE, quand il y avait des Communistes, et pour ne pas le soutenir au-delà de deux numéros ? Oh ! que de misères, que de misères !!!

Voici maintenant le pamphlétaire qui attaque mon *Histoire populaire de la Révolution française* : il veut absolument qu'il n'y ait eu aucune espèce de mérite dans l'intention de l'entreprendre pour être utile au Peuple ! Au lieu de compromettre ma santé en pâlissant sur des livres, en travaillant comme un forçat 18 à 20 heures par jour, je me serais amusé comme beaucoup d'autres, j'aurais végété dans une inutile oisiveté comme lui, le malheureux ! ce serait absolument la même chose ! N'est-ce pas inouï de voir tant d'acharnement à déprécier les intentions et les services d'un écrivain populaire ? Ecoutez-le :

« 2° La publication de votre HISTOIRE DE LA RÉVOLUTION. — Mais, Monsieur, il fallait utiliser votre temps en Angleterre ; vos habitudes, votre position de fortune, etc., tout vous y nécessitait. Vous avez écrit des ouvrages démocrates, *c'est fort bien ;* mais il faut observer que sur ce terrain, vous étiez à peu près, vous vous croyiez certainement, du moins, sans concurrence, tandis que vous ne pouviez guère espérer de primer sur les autres publicistes de l'Opposition. J'ai dit plus haut *c'est fort bien*, je ne parle que de vos intentions ; car je me réserve de signaler dans votre HISTOIRE DE LA RÉVOLUTION (que je viens de lire, pour la première fois, ces jours-ci) une multitude d'HÉRÉSIES *les plus anti-démocratiques et anti-philosophiques.* »

Pourquoi n'en dit-il pas autant de CAMPANELLA, n'ayant rien de mieux à faire dans son cachot que d'écrire pour la Communauté, de *Condorcet*, n'ayant rien de mieux à faire, dans sa cachette de proscrit, que d'écrire son *Histoire des progrès de l'esprit humain*, de *Buonarotti*, n'ayant rien de mieux à faire, dans son exil, que d'écrire son *Histoire de la conspiration de Babeuf* ?

Et il trouve dans mon HISTOIRE une multitude D'HÉRÉSIES.... ! Il se fait *Pape*, l'imbécile ou le fou, pour me juger et me condamner comme *Hérésiarque !!!* Et pourquoi ne fait-il donc pas une Histoire parfaitement conforme aux vrais principes, lui qui a fait tant d'ouvrages tirés à 6,000, à 20,000, à 27,000 exemplaires !!!

Ecoutez-le encore : le voici maintenant qui attaque le *Voyage en Icarie.*

« 3° La publication d'ICARIE. — Quoique je n'approuve ni les *principes primordiaux*, ni la *méthode organique* de cet ouvrage, je reconnais avec plaisir que c'est une *œuvre de progrès*. Mais vous n'en auriez pas moins de mérite, Monsieur, si vous paraissiez un peu moins ÉMERVEILLÉ de votre œuvre, si surtout vous ne visiez au *rôle de Messie* ; d'autant plus qu'il paraîtrait que la réapparition de la doctrine communautaire ne vous serait pas aussi personnelle que vous le répétez si souvent; il paraîtrait que, même *avant votre exil*, on était tout au moins aussi avancé à Paris que vous le devîntes plus tard en Angleterre où vous vous trouvâtes en contact avec et fûtes impulsé par *quelques communistes*. Vous eûtes connaissance des *idées de Lebon* et vous lûtes ses aphorismes, ainsi que le livre de Buonarotti; comment se fait-il donc que vous soyez si froid et si laconique à l'égard du livre de *Buonarotti* et ne disiez jamais un mot des *Aphorismes de Lebon*, ouvrage que je n'ai encore pu me procurer, mais dont tous ceux qui le connaissent font un très bel éloge ? »

Il *n'approuve pas* les *principes* primordiaux d'Icarie ! — Mais qu'est-ce que cela peut me faire ? que m'importe sa désapprobation, quand tant d'autres, dont l'approbation m'est bien autrement précieuse, approuvent avec enthousiasme, comme il le dit lui-même ? Qu'est-ce que c'est que les *principes primordiaux* qu'il n'approuve pas en *Icarie ?* Tant pis pour lui, s'il n'approuve pas la Famille ! J'ai donc raison de repousser ses principes à lui !

Il n'approuve pas ma *méthode organique!* Et moi je n'approuve pas la sienne ! je la trouve absurde ! Ne semble-t-il pas que ce soit un Génie dont la désapprobation est un arrêt de mort ?

Il convient, avec plaisir, que c'est une OEUVRE DE PROGRÈS, ce que l'un de ses plus violents souteneurs traduit ainsi, probablement sous sa dictée, dans une lettre qui me dit :

« Votre *Voyage en Icarie* a fait du BIEN, parce que cela a donné l'idée d'un pays en Communauté : le PARTI vous doit une RECONNAISSANCE.... »

Et pour mon œuvre de progrès, pour le bien que j'ai fait, pour la reconnaissance que le parti me doit, des misérables qu'aveugle et qu'entraîne je ne sais quel démon, m'injurient, m'insultent, m'outragent, me calomnient, s'efforcent de me flétrir et de m'assassiner !!!

Il m'accuse d'être EMERVEILLÉ de mon œuvre ! — Je pourrais en être émerveillé quand je vois leur rage impuissante réduite à lui rendre le plus bel hommage que j'ambitionne, celui d'avoir fait du BIEN et de mériter quelque reconnaissance de la part du Parti Communiste ; mais la vérité est que je ne suis nullement émerveillé d'une pensée bien simple, quelque heureuse qu'elle puisse être.

Il m'accuse de viser au rôle de MESSIE ! — Mais où a-t-il vu cela? N'est-ce pas une accusation banale qu'on peut adresser à tout écrivain qui s'occupe de réforme politique, ou sociale, ou religieuse? Ne pourrait-on pas attribuer ce rôle à MM. Lamenais, P. Leroux, Buchez, plus qu'à moi, puisqu'ils invoquent des idées religieuses que semble exiger le caractère d'un Messie? Ne pourrait-on pas l'attribuer plus ou autant qu'à moi, à Saint-Simon, à Fourier, à Owen, à Babeuf, à tous ceux (par milliers) qui ont prêché la Communauté? Y a-t-il quelque chose de plus commun que la prétention au rôle de Messie? Est-ce que l'*Humanitaire*, le *Communautaire*, etc., ne se présentent pas comme des Messies? Est-ce qu'il ne se pose pas en Messie celui qui, dans sa LOI SOCIALE, s'écrie : « Je me lève! riches et pauvres, écoutez! » Est-ce qu'il ne parle pas en Messie ce proclamateur d'un *Code* qui, dans son journal de deux jours, l'*Egalitaire*, s'écriait aussi : « FRANÇAIS, *mes frères!* » Allons donc! les Messies courent les rues; c'est un combat de Messies; et si j'avais la sottise de viser au rôle de Messie, je ne serais certainement pas celui chez lequel cette vision serait le plus ridicule!

Quant à la réapparition de la doctrine Communautaire, je n'ai jamais prétendu qu'elle me fût *personnelle*, si vrai que, dans mon *Voyage en Icarie*, j'ai indiqué une foule d'écrivains philosophes qui, dans tous les siècles, ont prêché la Communauté, notamment *Babeuf* et *Buonarotti*, louant ce dernier d'avoir, en 1828, écrit son ouvrage pour exposer sa doctrine et celle de Babeuf sur la *Communauté*. — La vérité est que j'avais reçu et lu l'ouvrage de Buonarotti dès 1830; que ses idées de Communauté ne me repoussèrent nullement, mais que je ne m'en occupai qu'un instant et que je n'entendis aucunement parler de Communauté avant mon départ; que ce furent les prisonniers de Sainte-Pélagie qui s'en occupèrent les premiers à Paris, seulement en avril, je crois, après mon départ en mars; que ce ne fut que longtemps après que les Communistes Parisiens s'évadèrent de leur prison et se réfugièrent à Londres où j'étais; que je ne parlai de Communauté qu'avec un seul, très légèrement; que ce que j'en appris me refroidit au lieu de m'échauffer pour le Communisme. Ce fut l'UTOPIE de *Thomas Morus*, que je voulus lire en anglais, qui me détermina à étudier le système Communautaire. Ce système me frappa tellement dès les premières lignes que je fermai le livre pour m'enfoncer dans mes propres méditations, qui me conduisirent à la conviction la plus complète. J'adoptai mon plan et commençai la rédaction. Ce ne fut qu'alors que je lus tous les ouvrages, en remontant à l'origine et en suivant l'ordre des temps. Dans ce travail immense qui me procura tant de richesses en matériaux, les écrits de Babeuf et même de Buonarotti ne me parurent que des points et ne m'apprirent rien de nouveau; tous deux me parurent ne pas avoir étudié et ne connaître qu'imparfaitement la *science* concernant l'histoire et l'organisation de la Communauté. Je ne parlai pas de ce qu'on appelle les *Aphorismes de Lebon*, lithographiés sur des demi feuilles volantes, parce que je ne les eus que très tard et pas tous, et parce que, quoiqu'il y eût du bon comme dans presque tous les ouvrages, je n'y trouvai rien à analyser et à en extraire. Je crois même que j'ignorais alors l'auteur des feuilles lithographiées, et je pensai, en les lisant, qu'elles étaient l'œuvre d'un homme âgé plutôt que d'un jeune homme... Et puis, que de misères dans l'accusation du pamphlétaire! L'un a fait une *Histoire*, l'autre des *Aphorismes*, moi le *Voyage en Icarie*, chacun consultant ou pouvant consulter tous nos devanciers: voilà tout!

Mais le pamphlétaire s'acharne toujours davantage : écoutez!

« Quant à ce que vous dites, qu'en publiant ICARIE vous bravâtes l'abandon de vos anciens amis, le fait n'est pas exact : dès votre retour la rupture était déjà presque certaine; plus tard votre nom ne figurait point sur les *prospectus* de la *Réforme*, et la pension était expirée. Vous-même, sans doute, y eussiez renoncé une fois en France. Vous ne pouviez donc mieux faire que de *passer tout-à-fait* dans le camp populaire : l'isolement absolu ne vous eût *guère plus profité*. Vous eussiez pu seulement *briser* plus tôt avec les quasi-démocrates et ne pas donner l'approbation de votre nom au *Dictionnaire politique*, ce programme étriqué et incohérent des *Réformistes-inégalitaires*. Pour ce qui concerne la forme du roman que vous donnâtes à l'ICARIE, n'est-ce pas une vraie puérilité de votre part d'appeler cela une HARDIESSE. ? »

Ainsi le pamphlétaire affirme qu'il n'est *pas exact* que, pour publier *Icarie*, j'aie bravé l'*abandon* de mes amis; mais qu'en sait-il, le téméraire? qu'en peut-il savoir? Est-ce qu'il a lu les lettres que j'ai écrites et celles que j'ai reçues? Eh bien! voici le fait : Je n'ai consulté personne ni pour composer ni pour faire imprimer mon ouvrage. Imprimé, je l'ai envoyé à quelques amis. L'un d'eux, N..., le plus zélé, celui qui avait organisé et qui recueillait la souscription, désapprouva si violemment la publication que je faillis rompre avec lui et que notre amitié s'en refroidit beaucoup; par suite de cette désapprobation, un autre força en quelque sorte mon éditeur à me refuser d'éditer mon ouvrage, et l'une des plus vives contrariétés que j'éprouvai dans ma vie si féconde en tribulations, fut de ne pouvoir publier en 1838 mon *Icarie* alors imprimée. De retour, en avril 1839, une foule de circonstances que le pamphlétaire ne peut deviner, notamment l'opinion acquise depuis ma rentrée, que l'ajournement de ma publication était un sacrifice qu'exigeaient de moi la prudence et l'intérêt de la Communauté, m'engagèrent à ajourner cette publication jusqu'en janvier 1840.

Quant à la *Réforme* organisée sur la fin de 1840, le pamphlétaire est trop obscur et trop insignifiant pour savoir ce que j'ai fait. D'abord, il est vrai qu'une des influences a voulu m'écarter du Comité précisément parce que j'étais Communiste, et encore parce que mon *Histoire de la Révolution* lui paraissait trop remplie d'énergie. En second lieu, d'autres influences m'ont proposé, dès le principe, d'entrer dans le Comité dirigeant; mais j'ai refusé plusieurs fois, parce que je voulais conserver ma liberté d'action et parce que l'organisation et la direction me semblaient trop imparfaites. Quoique Communiste, je serais entré dans la Direction de la Réforme; j'aurais sacrifié tout ce qui m'était personnel. Si j'avais aperçu la possibilité d'être plus utile à la cause populaire en me portant, dans la Réforme, conciliateur entre les Réformistes et les Communistes, et j'aurais été bientôt le membre le plus influent dans la Direction, parce que j'y aurais porté bien autrement d'activité et d'expérience de ces sortes d'opérations que MM. **Laffitte**, Dupont de l'Eure, Arago, Cormenin, Lamenais, à qui je me serais associé. Mais je prévis, dès les premiers pas de la Réforme, surtout d'après le caractère inactif des chefs et les divisions qui éclatèrent entre *Garnier-Pagès* et *Arago*, que la Réforme était morte avant de naître et qu'elle n'existerait que pour agoniser et mourir, après que cette nouvelle et grande déception aurait de nouveau jeté les esprits dans l'épuisement et le dégoût au lieu de ranimer et de rallier l'opinion publique. La Réforme était une belle et heureuse conception qui pouvait donner les plus beaux fruits; mais, par la faute de ses Directeurs, elle n'a été que *la montagne accouchant d'une souris !*

Convaincu que le Communisme était bien autrement rationnel, vrai, complet, utile au Peuple (et il fallait que cette conviction fût bien énergique et bien enracinée chez moi puisque j'avais déjà composé, imprimé, publié mon *Icarie*), je me déclarai *Communiste,* publiai ma brochure *Comment je suis Communiste,* et annonçai le *Populaire*. — Et c'est absurde de me supposer là un motif intéressé ! Si j'avais consulté mon intérêt, je me serais déclaré seulement *Réformiste*; j'aurais pris une grande part dans la direction de la Réforme; je me serais mis en rapport avec tous les Comités et tous les Réformistes des Départements; j'aurais écrit pour la Réforme et la Démocratie; j'aurais conservé l'amitié d'*Arago, Lamenais,* etc.; j'aurais eu la sympathie de 200,000 Réformistes (et j'aurais bien pris, sur ma tête, l'engagement d'en réunir *deux millions*); mes brochures, contre les bastilles et pour la Réforme, auraient eu une bien autre publicité; j'aurais trouvé bien d'autres facilités pour trouver un *cautionnement* et des *abonnés* pour un journal; j'avais un bien autre *présent,* un bien autre *avenir*. Car quel avantage pouvait me présenter le Parti Communiste, peu nombreux, pauvre, indiscipliné; qui, selon moi, avait mal débuté; qui avait des doctrines exagérées; qui montrait peu de prudence, trop de violence et d'impatience; et que ses fautes avaient beaucoup contribué à rendre l'objet des plus violentes haines de la part des Réformistes et des plus dangereuses persécutions de la part du Pouvoir?

Oui, on en dira ce qu'on voudra, en me déclarant *Communiste,* mon intention a été d'apporter un poids dans la balance en faveur du Communisme; j'ai voulu venir en aide au parti proscrit et partager sa proscription, parce qu'il me paraissait le plus juste; j'ai tout sacrifié sans aucune espérance (puisque je prêche la patience), et j'ai fait acte de **DÉVOUEMENT** !

De là la haine des Réformistes et surtout des chefs, qui prétendent que sans moi le Communisme s'éteignait ou mourait écrasé, que c'est moi qui l'ai soutenu, conservé, développé, et qui ai, par là, paralysé et perdu la Réforme. On serait bien étonné si je faisais connaître la colère, les criailleries, les calomnies, les manœuvres ténébreuses de certain grand Républicain, qui me témoignait bien de l'estime et de l'amitié, à qui j'ai refusé d'entrer dans son Comité de Réforme, et qui m'a enlevé un *cautionnement* promis par une vieille notabilité républicaine, qui ne voyait rien de pur, rien de patriotique, rien de beau comme mes écrits !

Et, de son côté, le pamphlétaire reconnait que je suis l'homme *le plus en évidence* dans le Parti Communiste, et que mon *Voyage en Icarie* est une *œuvre de progrès,* qui a fait du BIEN, qui mérite la *reconnaissance* du Parti.

Et cependant, ce sont des Communistes qui m'outragent...

Que les Réformistes et les Républicains exclusifs m'en veuillent, je le conçois, quoique ce soit bien aveugle et bien injuste, puisque je n'ai jamais attaqué la Réforme, que je l'ai publiquement approuvée et appuyée, et que sa chute vient d'autres que de moi : mais que des Communistes me fassent une guerre à mort... C'est... Je n'ai pas la force de le dire !!!

Et voilà ce que le pamphlétaire appelle de la CAPTATION ! — Mais il continue; écoutez :

« L'AJOURNEMENT *et la publication d'*ICARIE. — Vous faire un mérite de cet ajournement, Monsieur, c'est par trop fort; car il rentre dans le chapitre des *hérésies démocratiques*. Quoi ! vous êtes persuadé que votre livre fera le bonheur du monde! qu'on ne s'est jamais entendu faute d'un plan d'organisation sociale; que sans un plan tous les efforts seront inutiles, qu'une révolution même périrait dans une horrible anarchie ! Et vous attendez que cette union, cette révolution naissent et tournent à bien par le seul secours du hasard ! Et, loin de vous hâter de dissiper les ténèbres de l'ignorance et d'apporter le vrai remède, vous croyez faire acte de *civisme* et de *dévouement* en mettant la *lumière sous le boisseau!* Mais, en vérité, il faut beaucoup de bonne volonté pour penser que cela fût votre vrai motif. Que dis-je! j'aime à croire, et dans l'intérêt même de votre patriotisme, que vous avez été retardé par quelques obstacles invincibles, soit d'abord de la part de l'*ancienne réunion Lafayette,* la même qui vous continuait à Londres votre pension, en la diminuant, soit de toute autre part. »

Ainsi le voilà qui parle encore d'*hérésie,* de *lumière sous le boisseau,* l'imbécille, l'ignorant, qui n'a vu la politique que dans quelques petites sociétés d'ouvriers, qui ne consulte que son intérêt personnel, et qui juge les autres d'après lui ! Ne connaissant ni les hommes, ni les choses, ni les obstacles possibles, ni les considérations de prudence et d'opportunité qui peuvent diriger un vrai patriote versé dans les affaires publiques, comment pourrait-il apercevoir que plus je mettais de prix à la publication d'*Icarie,* plus j'ai dû suspendre cette publication et l'environner de précautions, surtout après le 12 mai ?...

Comment pourrait-il savoir même qu'il n'y a jamais eu de *réunion Lafayette* au sujet de ma souscription et que c'est N... qui a tout fait?

J'ai négligé le reproche qui m'a été fait d'avoir, d'avance, comme on le fait habituellement, donné mon nom au *Dictionnaire politique* entrepris par M. *Pagnerre,* dans la famille duquel il donnait des leçons de grammaire. Il se croit peut-être un *Brutus,* le pamphlétaire, parce qu'il attaque ceux qui l'ont accueilli! — Mais, dans sa fureur, vous allez le voir attaquer tout le monde. Voici d'abord l'*Eglise française* et son vicaire.

« *Contradictions et* HÉRÉSIES *démocratiques.* —1° Dans plusieurs de vos écrits, vous *stigmatisez vigoureusement* et les prêtres et le métier de prêtre, que vous considérez comme un commerce de mensonges et d'impostures; *l'Eglise française* ne vous paraît qu'un tréteau de plus. Comment se fait-il donc que vous accueilliez aujourd'hui si favorablement, *chez vous, un ex-prêtre romain, aujourd'hui vicaire de M. Chatel,* à qui vous accordez de bienveillantes réclames pour ses écrits? Comment se fait-il que ce qui était *imposture* dans la bouche des *anciens vicaires* de Chatel devienne *philosophie* dans la bouche du nouveau? Et cependant ce dernier se dit *Communiste.* »

Le pamphlétaire brouille et confond tout! — Je n'ai jamais blâmé l'*Eglise française.* Je ne la connaissais pas; et c'est tout récemment que, pour la première fois, j'ai assisté à l'une de ses cérémonies. Plusieurs choses m'ont extrêmement touché et ému; j'en ai vu d'autres qu'il ne m'a pas été possible d'admirer. (Et quelle est la chose humaine qu'on puisse trouver parfaite?) J'ai vu de grands talents qui pouvaient rendre d'immenses services à l'Humanité; et si je n'ai pas trouvé la réalisation complète des merveilles qui, dans ma pensée, pouvaient sortir d'une nouvelle Eglise, plus philosophique que mystique, si je n'ai pas eu le bonheur d'y voir tout ce que concevait mon imagination, je sais trop tenir compte des difficultés, des obstacles, et même de l'imperfection actuelle de la nature humaine, pour ne pas reconnaître le progrès et l'utilité relative de l'Eglise française : tout en faisant des vœux pour qu'elle puisse prêcher ouvertement la doctrine, réellement chrétienne, de la Communauté, je me réjouis de ce que ses Directeurs adoptent les principes du Communisme.

Dans ma *Ligne droite,* page 64, m'adressant aux travailleurs, je leur ai dit :

« Je vous dirais presque : — « POINT DE PRÊTRES PARMI VOUS » — s'il n'y avait pas à faire *quelques honorables exceptions!* »

Et si, tout en blâmant les écrits d'anciens vicaires qui s'accusaient eux-mêmes d'imposture et qui me semblaient compromettre tout par leurs violences et leurs menaces, j'accueille la personne et les ouvrages d'un nouveau vicaire qui me paraît infiniment plus Communiste, plus conséquent, plus sage et plus utile, je soutiens que, en cela, je fais preuve, non de *contradiction* et d'*hérésie,* mais d'impartialité, de tolé-

rance, de bienveillance universelle, et de disposition à faire tout ce qui me paraît utile à la Communauté... Ce ne sera jamais la jalousie ou l'envie qui m'aveuglera, moi, jusqu'à sacrifier l'intérêt de la Communauté !

J'en dirai autant d'un écrivain, au sujet duquel le pamphlétaire dit :

« Je pourrais nommer d'*autres personnes* qui ont poussé très loin l'hostilité contre le *Communisme*, et avec lesquelles vous vous alliez aujourd'hui. Je ne dis pas ceci dans le dessein de repousser ces personnes si elles viennent franchement au Communisme, loin de là, mais pour prendre acte de ce principe, qu'en fait de propagande surtout, ce ne sont pas les HOMMES mais les DOCTRINES qu'il faut exalter ou repousser. »

Oui, j'accueille M. L....., parce qu'il adopte la Communauté, non d'après les principes du pamphlétaire mais conformément aux miens, parce qu'il a rendu cent fois plus de services à la cause populaire, parce qu'il a beaucoup souffert pour elle, parce qu'il est aussi victime de beaucoup de calomnies, et parce que je le crois bien meilleur que ses calomniateurs.

Le pamphlétaire pousse la démence jusqu'à me faire un crime d'avoir été *Procureur-général*. Ecoutez-le s'écrier :

« Quoi! prétendriez-vous avoir sanctifié en l'exerçant la fonction d'accusateur public? Eh! ne confessez-vous pas vous-même que vous êtes contraint, *par devoir*, de demander, à la requête d'un *lâche*, d'un *perfide*, d'un *voleur*, d'un *infâme*, la *tête* d'un jeune Corse (Comiti) rempli de dignité et des meilleurs sentiments, mais qui avait été entraîné au meurtre par excès de *moralité et de vertu ?* Horrible devoir! (Le *National* traduit devant l'opinion, p. 92.) »

J'ai déjà répondu, page 22; j'ajoute: — Non, ce n'est pas à *la requête* d'un lâche, d'un perfide, d'un voleur, d'un infâme, que j'ai poursuivi *Comiti*, meurtrier d'un vieillard et de sa fille; c'est au nom de la Société et dans l'intérêt de la Société, qui ne peut tolérer la vengeance et le meurtre, quelle qu'en soit la cause. Si le fils de la victime était lâche et perfide, c'est quand il trompait une jeune fille et non pas quand il poursuivait le meurtrier de son père et de sa sœur! Non, je n'ai pas demandé *la tête* de Comiti (qu'on relise *ma Carrière*, p. 92)! C'est moi, au contraire qui, tout Procureur-général que j'étais, ai défendu *sa tête*, en m'efforçant de décider la Cour à ne le condamner qu'à une peine qui lui laissât la vie; c'est moi qui, après sa condamnation à mort, sollicitai et obtins sa commutation; et c'est à moi, non à l'inutile pamphlétaire et à tous ses pareils, que le malheureux Comiti écrivait, il y a près d'un an la lettre suivante :

MONSIEUR CABET,

« Il est impossible que vous ayez entièrement oublié l'homme qui vous occupa si sérieusement, aux audiences du 10 jusqu'au 14 mai 1831, par-devant la cour d'assises de Bastia en Corse. — Il est impossible que le malheureux pour qui *vous ne fûtes point alors sans sympathie*, vous trouve aujourd'hui *sourd à sa prière.* — Toujours sous le poids de sa peine éternelle, Comiti Bernardino a déjà vu Messieurs les administrateurs de sa prison *solliciter* en vain pour lui, dans leurs tableaux, une indulgence qu'il s'efforce depuis dix ans de *mériter.* — Il vous agrée peu sans doute de plaider aujourd'hui, pour le malheur, devant des juges qui ont méconnu votre *noble caractère!* Laissez moi cependant, Monsieur, vous solliciter, vous qui connaissez mes antécédents et mes habitudes; marquez par un *nouvel acte d'humanité* votre passage dans cette Corse sauvage, où de *si chers souvenirs* vous sont pourtant gardés *au fond de bien des cœurs.* Demandez pitié pour un malheureux; et surtout, ne repoussez pas l'expression bien humble du *respect profond* avec lequel il est, Monsieur, votre très humble et obéissant serviteur.

« Bernardino Comiti. »

Mais, puisqu'on pousse l'aveuglement de la haine jusqu'à me reprocher mes fonctions de Procureur-général, je dirai les manifestations publiques qu'excita ma destitution : voici des faits !

Les patriotes de Bastia manifestèrent publiquement leurs sentiments par une *sérénade* et par une *Députation* qui m'adressa ces paroles :

« Monsieur,

« Le coup que le gouvernement de la quasi-restauration vient de vous porter a affligé les vrais patriotes de cette ville. Chargé par eux d'être leur organe, il m'est impossible de vous exprimer *la douleur* qu'ils éprouvent de ne plus voir diriger la justice, dans un pays qui en a tant besoin, par un magistrat qui a consacré toute sa vie à la liberté de notre chère France

« Placé dans une sphère élevée, dédaignant les faveurs d'un pouvoir qui se dénie, vous avez donné l'exemple d'un *triomphe moral depuis longtemps inconnu dans ce département;* cet exemple, nous l'espérons, ne sera point infructueux.

« Que les vents et la fortune vous soient propices! *nos vœux* vous suivront partout. »

En route, j'écrivais au ministre *Barthe* pour lui signaler son injustice, et j'ajoutais :

« Une sérénade m'a été donnée la veille de mon départ ; — une députation est venue m'exprimer les regrets des patriotes ; — des inconnus à qui j'avais rendu justice sont venus baiser mes mains avant que j'aie pu les en empêcher, et ont rapidement disparu après les avoir baignées de leurs larmes ; — les prisonniers (dont beaucoup s'étaient récemment constitués d'eux-mêmes) ont témoigné la douleur que leur causait mon départ ; — *Comiti,* contre lequel j'avais fait prononcer la peine capitale, s'est prosterné à mes pieds pour manifester son respect et sa reconnaissance de l'intérêt que j'avais montré pour lui tout en le poursuivant pour accomplir mon devoir ; — enfin, un grand nombre de citoyens, dont beaucoup ne pouvaient retenir leurs larmes, m'ont accompagné jusqu'au bateau.

« Demandez si beaucoup d'autres fonctionnaires ont quitté l'île avec de pareils témoignages de la bienveillance publique !

« Si la disgrâce dont je suis subitement frappé avait pu m'affliger pour moi-même, ces regrets m'auraient déjà consolé...... »

Et je demanderai encore si beaucoup de Procureurs-Généraux, etc., ont inspiré à leurs collègues un dévouement comme celui-ci :

Mon deuxième Avocat-Général portant la parole, le lendemain, à la Cour d'assises, *donna sa démission*, en disant publiquement :

« Tout le monde ici rendra justice à la trop courte administration de M. Cabet. Jamais magistrat n'eut un *sentiment plus profond de ses devoirs*, et ne sut les remplir *avec plus de zèle et de probité;* jamais fonctionnaire ne se montra *plus accessible, plus ami de l'égalité plébéienne*, et n'écouta *avec plus de bienveillance la plainte de l'opprimé;* jamais enfin on n'apporta du continent en Corse une volonte *plus ferme de travailler avec ardeur au bien du pays.* »

Et mon premier Avocat-Général, portant la parole dans l'audience solennelle pour l'installation de mon successeur, ne craignit pas de dire :

« M. Cabet a laissé d'honorables souvenirs dans ce pays, dont il aimait les habitants, et où il a constamment exercé ses fonctions en *homme de bien*, en *citoyen vertueux*, en *magistrat éclairé*, *impartial*, et scrupuleusement *consciencieux*....

« M. le Procureur-Général, les officiers du ministère public à la tête desquels vous venez vous placer connaissent leurs devoirs ; ils sauront les remplir... Soyez convaincu surtout que ce n'est pas votre arrivée parmi nous qui excite nos regrets ; c'est le *départ de votre prédécesseur qui cause seul notre affliction.* »

On aura beau faire, toutes les calomnies des sots et des méchants ne pourront jamais m'enlever la consolation de ces délicieux souvenirs!

C'est vainement aussi que le pamphlétaire, s'efforçant de flétrir le JURY comme une institution *bourgeoise* et *fédéraliste* (j'ai déjà répondu page 22), me déclare coupable d'*hérésie* parce que je me suis félicité d'avoir eu la BONNE FORTUNE *d'instituer le Jury en Corse*, où personne n'avait pu obtenir son établissement : l'insensé ne voit pas qu'il insulte *les Corses*, qui croyaient devoir m'en témoigner leur reconnaissance !

Il ne voit pas non plus qu'il peut blesser les *Polonais* quand, pour m'attaquer, il dit :

« Dans votre N° 3 du *Populaire*, je n'ai pas *vu sans regret* enregistrer comme un des *titres* méritoires du Général Polonais *Kniaziewicz*, le titre de *Commandeur de la Légion-d'Honneur*, pas plus que, dans votre N° 2, je n'ai lu *sans surprise* l'éloge du Maréchal *Moncey*, l'un des assassins de la liberté Espagnole, en 1823. »

Or, le nom du Général Polonais, Doyen de l'armée Polonaise, est inscrit sur l'*Arc-de-Triomphe*, consacré à la gloire militaire de la France; et, quant à MONCEY, le *Populaire* disait :

« MORT DU MARÉCHAL MONCEY.— Le vieux soldat, *sorti des rangs du Peuple*, qui le dernier a *défendu Paris*, lors de l'invasion, le brave qui a *préféré sa destitution* plutôt que de mériter le titre infâme de bourreau de Ney, est mort le 20 avril, à onze heures du soir, à l'Hôtel des Invalides. »

Qui, en France, excepté le pamphlétaire, pourrait me reprocher cet article?

Mais n'est-il pas un échappé de Charenton, celui qui me reproche de signer Cabet, *ex-Député*, (quoiqu'il ait lui-même écrit sur l'Adresse rédigée au nom des Délégués, page 13, ci-avant, à M Cabet, *ancien Député*), et qui me dit sérieusement que je devrais demander **PARDON** au Peuple d'avoir été Député (V. ci-avant p. 23)?

Ne me fait-il pas un crime aussi : 1o d'avoir *appuyé* et *signé* la **RÉFORME ÉLECTORALE**, quand même, sans modification, sans condition, c'est-à-dire avant d'avoir assuré à l'électeur du pain et de l'indépendance; 2o de faire des vœux pour le *Saint-Simonisme* et pour les réalisations *phalanstériennes!* — Mais oui, j'adopte les principes de la tolérance et de la prudence : tout en demandant la Communauté, j'accepte et j'appuie tous les progrès qui me paraissent en aplanir le chemin... Je regarde comme des fous, qui nuisent beaucoup au Communisme, ceux qui repoussent la Réforme et les diverses Sectes socialistes. Chacun son opinion! Voilà la mienne.

Ne me fait-il pas encore un crime d'avoir dit, dans ma *Ligne droite :* « Je suis avant tout *Français*, puis *Démocrate*, puis *Réformiste*, puis *Socialiste*, puis *Communiste*? » Il veut que je dise tout simplement : « *Je suis Communiste* (voir plus haut, p. 23). » Et moi je ne veux pas, et je soutiens que ma tolérance fera plus de Communistes que sa violence.

C'est aussi, suivant lui, le comble de *l'aberration* de ne pas vouloir, aujourd'hui, la Communauté sans la *Famille* (voir ci-avant, p. 24), comme si le comble de l'aberration n'était pas, au contraire, d'attaquer aujourd'hui la Famille!

Il s'irrite de ce que, dans *le Populaire*, j'ai dit que j'accepterais volontiers la discussion avec le nouveau journal *le Travail*, à Paris, qui se proclame *ami des Ouvriers et du Pouvoir*. Mais oui, j'accepterai volontiers la discussion avec un homme que je crois instruit et grave, qui, j'espère, discutera gravement et loyalement, qui certainement n'attaquera pas la **FAMILLE** et ne conseillera pas la violence, et avec qui la discussion ne roulera que sur les intérêts de la classe ouvrière. Si, par la discussion, je puis vaincre un pareil adversaire qui se proclame ami du Pouvoir, il n'en sera que plus manifeste que le mal qui dévore les travailleurs n'a pas d'autre remède que la Communauté.

Je ne m'arrête pas à l'accusation de contradiction ou de variation dans mes principes sur le *dévouement* : tant pis pour lui s'il ne sait ni comprendre ni lire! — Je ne m'arrête pas non plus à la conséquence qu'il tire de ce que j'aurais dit ; « Faites **MIEUX**, et je suis prêt à vous *suivre!* » comme s'il en résultait que j'ai pris l'engagement de suivre le premier venu, celui qui ferait *mal* et *très mal*, le pamphlétaire, par exemple!

Je ne m'arrête pas davantage à cette jonglerie, quand il dit :

« Je ne cesserai de m'écrier « *Propagande*, *Propagande!* Vérité et Propagande, et l'affranchissement est au bout! »

Les paroles et les cris ne suffisent pas : c'est de la propagande réelle qu'il faut ; et elle est belle, la propagande du pamphlétaire!

Je ne veux également pas répondre à l'attaque dirigée contre ma *Propagande communiste*, dans laquelle j'ai émis l'opinion qu'il y avait des sujets, comme la Famille, par exemple, qu'il était sage de ne jamais mettre en question : qu'on lise ma brochure et mes raisons ; je persiste! Et si je me trompe, assurément ce n'est pas un crime!

Comment pourrais-je repousser le reproche qu'il m'adresse d'avoir, pour me défendre contre les attaques du *National* au sujet des Bastilles, terminé l'exposé de *ma Carrière* en disant :

« Voilà *ma Carrière*, Messieurs du *National!* Je la livre à vos plaisanteries, à vos dérisions, à vos sarcasmes, à vos éclats de rire. A vous de l'appeler une *carrière d'ambition* et de variations! A moi de lui restituer son véritable caractère, sans me laisser fermer la bouche par de timides et vulgaires considérations, sans craindre de dire la vérité pour moi comme pour vous!... Et cette carrière, je l'appelle sans hésiter une carrière de dévouement, de constance et de progrès, une *carrière* HUMANITAIRE. Et cette carrière, j'y marche, non depuis hier, non depuis 1830, non depuis 1815 ou 1814, mais depuis avant 1809, depuis le jour où, quittant le travail des mains pour celui de l'intelligence, je dévouai mon cœur et ma tête à la défense des intérêts de mes frères les travailleurs, à l'amélioration du sort des malheureux qui couvrent la terre! »

Quand je défendais *ma Carrière* en attaquant le *National* pour le forcer à insérer ma défense, le pamphlétaire m'accompagnait au Tribunal et n'était pas, dans la foule, celui qui faisait pour moi les vœux les moins ardents ; et aujourd'hui il déchire jusqu'à ces dernières lignes!...

Mais le malheureux attaque jusqu'à *Robespierre*, idole de son idole Buonarotti, et l'une de ses propres idoles ; car, dans une Note à la fin de son compte-rendu du banquet de Belleville, il se vante d'avoir, avec d'autres Communistes réunis dans une salle séparée, au banquet Réformiste du Mont-Parnasse, *largement fêté* la mémoire du *citoyen Robespierre*. Et aujourd'hui, il accuse ce même *citoyen* d'avoir *exagéré* les périls de la Révolution pour se rendre *nécessaire*! Puis il s'écrie :

« Prétendriez-vous nous faire recommencer cette longue série d'errements par laquelle *votre patron Robespierre* a PERDU la Révolution en substituant ses *rêveries* à la saine philosophie, en mettant la dictature des personnes au-dessus de la *dictature des principes*. »

Ici la méchanceté le dispute à l'absurde! Et puis, que de palinodies dans ce misérable pamphlétaire!

Pauvre Robespierre, que ses adversaires et ses ennemis, que M. *Buchez*, que M. Thiers lui-même, reconnaissent si pur, si vertueux, si désintéressé, si incorruptible, si dévoué à la cause du Peuple et de l'Humanité, infortuné martyr, si souvent menacé par le poignard des assassins, si atrocement égorgé par les immoraux, les cupides, les débauchés, par les Tallien, les Fréron, les Fouché, voilà qu'une petite vipère obscure vient siffler autour de sa mémoire qu'il n'était qu'un ambitieux, un vaniteux, un imposteur, qui a PERDU la Révolution !!!

Et plus bas, parlant des dissensions qui perdirent la Révolution, le pamphlétaire ajoute :

« Et pourquoi ?... Parce que Robespierre ne veut *point d'égal* et que ses collègues ne veulent point de dominateur ! Parce que Robespierre a déclaré traîtres à la patrie *certaines doctrines de philosophie* et d'égalité réelle, remises en lumière par le *cercle social*, Chaumette et les *Hébertistes* (véritables et logiques prédicateurs des droits du Peuple et de l'égalité, dit-il plus haut), pour lesquelles inclinent fortement *Billaut-Varennes* et quelques autres, je veux dire le *matérialisme et l'abolition de la propriété.* »

Ainsi, c'est Robespierre qu'il accuse de n'avoir agi que par vanité et de n'avoir eu d'autre mobile que l'orgueil ; et moi je dis qu'il était rempli de l'amour du Peuple et de l'Humanité ! Ce sont les *Hébertistes* qu'il loue d'avoir voulu la proclamation du *matérialisme* et l'abolition de la *propriété ;* et moi je dis que ce sont eux qui ont tout perdu en voulant tuer Robespierre par présomption, par vanité, par ambition, par égoïsme et par folie.

Il me fait encore un crime d'insérer dans le *Populaire* des LETTRES où l'on m'*encense* et où l'on me *divinise presque,* moi et mon *Icarie ;* mais est-ce que d'autres ne me prodiguent pas assez d'outrages ? Est-ce que je n'insère pas moi-même toutes les injures contre moi ? Est-ce que l'*attaque* n'entraîne pas nécessairement la *défense* ? Est-ce qu'il est un seul écrivain, un seul accusé, qui néglige de se défendre ? Le pamphlétaire ferait un beau tapage avec mes lettres, si c'était à lui qu'elles fussent adressées !

Il m'accuse de vouloir *étouffer la discussion.* — Non ! personne ne la désire et ne la provoque plus que moi ; mais je ne veux pas discuter éternellement les mêmes questions, ni discuter l'évidence, ni discuter certaines questions que je crois inutiles et dangereuses surtout quand ce n'est pas entre des savants, par exemple, le *spiritualisme* ou le *matérialisme ;* je ne veux pas mettre en question la *Famille ;* je fuis comme la peste certains discutailleurs qui m'assommeraient d'ennui en me faisant perdre mon temps ! Du reste, je n'ai pas d'autre arme que mon opinion : chacun la sienne !

Le pamphlétaire me propose une discussion contradictoire dans une grande réunion : je répondrai tout-à-l'heure. — Mais il me défie de citer un seul écrivain qui ait *consenti* à prendre part à la rédaction du *Populaire;* et ici je n'ai qu'un mot à dire, c'est que, tant que le *Populaire* n'a pas été *hebdomadaire,* c'est-à-dire jusqu'aujourd'hui, je n'ai appelé aucun écrivain ; aucun ne m'a refusé ; et le pamphlétaire le sait bien, quoiqu'il ait la noirceur d'affirmer le contraire.

Il affirme aussi que TESTE, *Buonarotti*, *Owen*, REPOUSSENT catégoriquement, tous trois, les doctrines de mon *Icarie*. — Mais comment peut-il le savoir pour *Buonarotti*, mort sans l'avoir connu, et pour *Owen*, qui ne sait pas le français? Quant à TESTE, c'est autre chose! Mais il n'a rien donné à la Communauté, rien écrit pour elle! Et s'il ne pense pas *comme moi*, je répondrai que je ne pense pas *comme lui!*

Il m'accuse de ne pas traiter tous les *écrivains* sur le pied de l'égalité. — Je veux bien, dans une réunion d'*écrivains* dignes de ce nom, me soumettre, tout en conservant mon opinion, à la décision de la majorité sur une question à mettre en pratique : mais je ne voudrais pas perdre mon temps et soumettre ma conviction dans une réunion d'hommes qui ne seraient que des écrivailleurs ou des écrivassiers comme le pamphlétaire. On n'est pas *écrivain* parce qu'on se dit *écrivain*.

Il s'irrite de ce que je conseille au Peuple de ne pas avoir trop de confiance dans de *jeunes écrivains*, et il cite les jeunes hommes célèbres dans la guerre, etc. : mais l'orgueil juvénile a beau sauter et crier, la jeunesse est la jeunesse, sans expérience, surtout dans les affaires politiques, les plus difficiles de toutes ; aucun jeune homme ne vaut ce qu'il vaudra lui-même quand il aura quelques années de plus ; les jeunes hommes célèbres, assez communs dans la guerre, etc., sont infiniment rares en politique et en philosophie; et, pour un Saint-Just, que de millions de jeunes ignorants et de jeunes incapables!

Mais voici le coup de massue, l'accusation de corruption. Voyons!

Réfutation du § 5, sur la corruption.

Le pamphlétaire nous apprend que d'après l'*organisme individuel* et d'après l'*organisme social* (quels grands mots! qu'il est savant!), chacun est *corruptible* (surtout lui, qui ne croit pas au dévouement) : quelle grande découverte!

Il révèle que l'usurpateur *Pisistrate*, à Athènes; le Roi *Pausanias*, à Sparte; le Tribun *Drusus*, à Rome; le Chancelier *Bacon*, à Londres; *Lafayette*, *Mirabeau*, *Condorcet*, etc., etc., à Paris, pendant notre Révolution, ont été corrompus d'une manière ou d'une autre. A quoi bon cette divagation? Sans doute pour faire croire qu'il est savant; car il faudrait qu'il fut complètement stupide pour entendre me comparer à ces personnages! — Du reste, pour de l'ignorance et de la sottise, il n'en manque pas! Ecoutez ce qu'il dit de la *Charbonnerie* :

Cependant, que devient le Comité-Directeur au jour de la victoire? Ce fameux comité, que fait-il pour répondre à la confiance du peuple? Ce qu'il fait!... Il intronise une aristocratie à la place d'une aristocratie; il viole ou laisse violer la souveraineté du peuple; il se *précipite à la curée des honneurs et des places*. Ote-toi de là que je m'y mette, telle fut sa devise! Il n'y eut guère que *deux* ou *trois* membres qui rendirent un faible hommage au principe de l'égalité, en refusant de briguer ou d'accepter des emplois des mains de l'Aristocratie nouvelle; encore *pas un seul n'eût-il le courage* de protester contre le monopole parlementaire, en refusant de siéger au Palais-Bourbon. »

Ainsi, le Comité Directeur de 1823, même Manuel mort en 1827' existait en 1830..., et le pamphlétaire l'accuse, l'accuse, l'accuse... Eh bien! il était DISSOUT depuis *sept ans!!!*

Et *Dupont de l'Eure, Kœchlin,* etc., se sont PRÉCIPITÉS *à la curée des honneurs* et des places!!!

Et les *deux* ou *trois* qui ont refusé des emplois, d'*Argenson, Corcelle, Audry de Puiraveau,* ont été assez lâches pour qu'*aucun n'eût le courage* de protester en refusant de siéger au Palais-Bourbon!!!

Il n'y a que cet imperceptible pamphlétaire qui soit sans tache, parce que (c'est lui qui l'apprend, p. 46) jusqu'en 1839 il n'a *jamais eu de rapport* avec des hommes *politiques!* — Mais moi, voyez le sort qu'il me réserve!

« C'est de ce Comité directeur que M. Cabet se vante si souvent d'avoir fait partie. Dans la place de M. Cabet, *je me garderais bien* de remémorer au public *qu'en* 1830 *j'étais membre du Comité directeur,* surtout en compagnie des Lafayette, des *Mérilhou*, des Schonen, des *Barthe*, etc. : j'aurais *trop grand peur* qu'on me rappelât l'*infâme trahison* du Comité, et nonobstant *mes liaisons ultérieures avec le principal traître.* »

Je n'étais pas du Comité Directeur, et je n'ai pas *trahi* avec lui et le *traître Lafayette,* puisqu'il n'existait plus depuis 1823; je n'ai pas été le complice ni de *Mérilhou* ni de *Barthe,* puisqu'ils n'ont jamais été membres, avec moi, d'aucun Comité Directeur et qu'ils m'ont destitué. C'est égal! je n'en serai pas moins pendu ou guillotiné par le pamphlétaire et ses pareils!

Le voilà maintenant qui amène sur la scène le *scrutin épuratoire* des Jacobins, la *Censure* de Rome, l'*Ostracisme* d'Athènes, puis *Scipion*, puis *Aristide!....* Et tout cela à mon sujet! l'imbécille!

« La conclusion logique de tout ceci, c'est que le salut commun ne doit jamais reposer sur *un homme*, quel qu'il soit, mais sur *un principe;* c'est que le peuple ne doit s'attacher qu'à la *vérité*.

Mais où est le *principe*, où est la *vérité?* Quel Dieu, quel Génie décidera ce qui est *principe*, *vérité?* Et puis, est-ce qu'un PRINCIPE marche, parle, écrit, ordonne, défend?... Est-ce qu'il ne faut pas toujours que le principe s'identifie et se personnifie dans quelque homme? Et cet homme, est-ce que les pamphlétaires ne peuvent pas toujours l'accuser, l'outrager, toujours en criant: *les principes!!!*

Il arrive enfin aux personnalités plus directes :

« Je sais que quelques-uns de vos *partisans intéressés* ont essayé de faire contre moi une propagande de *calomnies aussi stupides qu'infâmes;* je sais comment ils ont été accueillis presque partout. Tout ceci ne vaut pas la peine d'occuper le lecteur; je le mets sous mes pieds. Mais je n'ai pu m'empêcher de rougir pour vous, lorsque plusieurs citoyens sont *venus me rapporter* les niaiseries et les envieuses insinuations que vous osez vous permettre à mon égard, notamment *M. D.....*, qui jusqu'alors vous était sympathique, mais qui s'est senti *indigné* de votre conduite. Lui ayant dit que j'étais un *infâme*, il vous demanda en quoi ; alors, n'ayant rien de raisonnable à alléguer, *la colère* vous égara au point de vous faire tenir des propos aussi *puérils que grossiers, malveillants et absurdes*, tels que ceux-ci, par exemple : 1° qu'au *lieu d'écrire* je *ferais mieux de balayer les rues* et servir les maçons ; 2° puis, que j'aurais beaucoup de dettes ; 3° puis, que je n'aurais pas de moyens d'existence. »

Quant aux calomnies de mes *partisans intéressés*, tout-à-l'heure! — Quant à D...., qui m'était *sympathique*, qui s'est indigné, et qui est allé dénoncer mes propos, ce souvenir est un de ceux qui m'affligent et me bouleversent le plus. Voici le fait :

D... est un ouvrier de 35 à 40 ans. Il s'est présenté seul et sans introduction chez moi. Son âge, sa tenue, son langage, son goût pour l'étude, son instruction, ses principes, m'inspirèrent une confiance et une bienveillance particulières : c'était pour moi un des ouvriers que j'aurais cités comme modèle. Il vint me voir assez souvent ; et toujours je le recevais avec plaisir, toujours il me témoignait beaucoup de respect, sans manifester jamais des opinions différentes des miennes. Après la séparation du pamphlétaire, il vint un soir ; nous causâmes comme à l'ordinaire, et quand il partit, j'allai avec lui jusqu'au Pont-Neuf, lui donnant le bras comme j'aurais pu le faire avec un intime ami (car il m'inspirait une confiance toute particulière). Nous causâmes sur tout, même sur le pamphlétaire, ne soupçonnant pas que ma confiance pût jamais être trahie. Je blâmai sa violence ; puis, par un sentiment d'impartialité, de justice, d'humanité, comme il convient à un homme qui se nourrit de pensées philosophiques et fraternelles, je cherchai à l'excuser en disant : « Mais il est malade, souffrant, malheureux, aigri ; sa situation peut l'excuser. » Cependant, ajoutai-je, toujours par esprit de justice, il ne fait peut-être pas assez d'efforts pour chercher un travail utile, un travail quelconque : *quand on est dans le besoin, il vaut mieux travailler, balayer les rues s'il le faut....* J'étais parfaitement calme, même bienveillant ; D... ne me fit pas une seule objection, pas une seule observation, et nous nous séparâmes quelques minutes après .. J'étais à mille lieues de penser que D... irait ensuite dénoncer ma confidence en la dénaturant, et qu'il était peut-être venu exprès (car on se vante de m'avoir envoyé des espions) pour voir si je ne prononcerais pas quelques mots dont il serait possible d'abuser. Quoi qu'il en soit, tout est dénaturé, travesti, falsifié, faux, dans le récit que j'ai transcrit plus haut. Le rapport de D... serait un abus de confiance, une perfidie, une trahison, une imposture, un faux, une indignité envers moi (si bienveillant, si confiant !), je dirai même un crime envers le Peuple ! car à qui se fier? Comment recevoir amicalement un ouvrier inconnu ? Quel supplice d'avoir à craindre que les dehors les plus attractifs ne cachent un perfide et un traître ! Ce sont ses camarades que D... a trahis : je le laisse à ses remords ! Et moi, je n'en ai pas moins l'âme navrée de cette trahison et d'une autre bien plus noire encore ; et personne ne peut apprécier le courage qui m'est nécessaire pour persévérer dans ma carrière de dévouement aux travailleurs et à l'Humanité !

Mais en voici des outrages ! Ecoutez !

« Quant au premier propos, je crois en effet que vous aimeriez mieux que je fisse toute autre chose que d'*écrire* : c'est toujours la question du POT-AU-FEU qui vous trotte par la tête. A l'égard du second, je certifie que personne ne viendra vous dire que pour m'endetter j'ai employé des manœuvres à la *Robert-Macaire*. A l'endroit du troisième propos, je pourrais peut-être me dispenser de répondre; car si je suis peu fortuné, je n'ai entre les mains l'*argent de personne, ni d'abonnés, ni d'actionnaires*, ni de souscripteurs; je ne *sollicite* de personne ni cautionnement, ni cautions de garantie de cautionnement, ni pour 500 fr., ni pour 20,000; ni cautions solidaires, ni insolidaires; ni de personnes solvables, ni surtout de personnes notoirement insolvables.»

Répondrai-je à tant d'indignités?... Non ! Il outrage les actionnaires autant que moi; car il les prend tous, quelque nombreux qu'ils soient, quelle que soit leur intelligence, pour des imbéciles et des niais !... Il insulte tout le monde, le misérable! Les Actionnaires répondront! Et moi, moi qu'il connaît, moi qui me dévoue à tant de fatigues et de tribulations pour organiser un journal si nécessaire au Peuple et si désiré!... Oh ! c'est indigne !

Mais, est-ce que ma vie, mes études, mes travaux, mes capacités grandes ou petites, ne sont pas connues? Mais n'y a-t-il pas des avocats, des magistrats, des professeurs, qui savent si, comme avocat, je pouvais gagner honorablement ma vie? Mais tous mes camarades ont fait fortune, sont riches! Tout récemment, je rencontrai un compatriote, professeur, devenu millionnaire en utilisant ses études; et il sait bien que, sans trop d'orgueil, je pouvais aspirer au même sort! Et aujourd'hui, qui, sur la terre, pourrait dire que, pour alimenter mon *pot-au-feu*, je suis dans la nécessité de déshonorer trente-cinq ans d'honneur et de désintéressement? Oh! c'est indigne, c'est odieux!

Et quand un Actionnaire m'apprend, en venant me consulter sur le paiement de son loyer, qu'il est embarrassé pour le payer, je lui offre moi-même de lui rendre son action; je la rends à un second qui va faire un long voyage; je la remets momentanément à un troisième qui se trouve en avoir besoin pour quelque temps; je raie sans hésiter la signature d'un quatrième qui me témoigne des inquiétudes dans la crainte de sa femme, et d'un cinquième qui craint un parent... Et un misérable!... Ecoutez, voici ce qu'il ajoute:

« .... Dites-nous seulement *quel est le donateur* ou le *prêteur*, ou le *client* qui *vous alimente* à l'époque présente, où vous faites tant de *sacrifices pécuniaires*, avez-vous dit; car non-seulement vous ne retirez pas, selon vous, de votre labeur le pain quotidien, mais encore sur les frais seuls de publication, vous y auriez été du vôtre pour 2,000 francs, dit votre numéro d'avril, pour plus de 4,000 francs, dit votre numéro de mai (vous n'êtes pas bien d'accord avec vous-même sur le chiffre), bien que vous n'ayez livré de votre *Populaire* que *onze* numéros sur *douze*. »

Onze numéros sur douze!... Ainsi, je suis un voleur, un escroc! Mais le No 7 était *double* et m'a causé une grande perte parce qu'il a été saisi pendant dix jours pour une défense des prolétaires de Mâcon fusillés par la troupe!

Ainsi les sacrifices que je fais pour le *Populaire*, sollicité de moi par les ouvriers (voir ci-avant, p. 8) sont un motif pour... m'accuser !

Ainsi je serais corrompu, acheté par une police.... Par laquelle?

Je me serais vendu en 1850, à l'âge de 53 ans, en finissant mon *Histoire populaire de la Révolution française*, tirée à 6,000, vendue à 16 et 18 fr., après la publication d'*Icarie*, etc.

Je me serais vendu pour faire des sacrifices en faveur du Peuple, pour donner 400 fr. au pamphlétaire et lui offrir d'autre argent !

C'est trop absurde ! Quand on veut être si méchant, il faudrait être moins bête ! Je ne réponds pas ! Les Actionnaires répondront ! — D'ailleurs, l'imbécile se donne à lui-même un démenti ; car il dit :

« Pour *faire cesser*, s'il est possible, toute dissidence, pour *ramener l'unité*, je vous réitère donc aujourd'hui, par écrit, la proposition que déjà je vous ai faite de vive voix dans une des réunions du *Populaire*, mais que vous avez refusée : JE VOUS PROPOSE UNE DISCUSSION ORALE ET CONTRADICTOIRE, en présence d'une nombreuse réunion de *Communistes. Entendons-nous ensemble*, par écrit ou par des intermédiares. »

Puisqu'il veut faire cesser la dissidence avec *moi*, ramener l'Unité avec *moi*, discuter avec *moi*, s'entendre avec *moi*, il ne me croit donc pas corrompu et vendu !

Quant à moi, qui le crois capable de tout, je ne puis plus avoir aucun rapport avec lui, comme je ne voudrais pas en avoir avec Vidoc. J'appelle de tous mes vœux une grande réunion ; je la préparerai, si toutefois il ne l'a pas rendue impossible par ses folies : mais je ne lui répondrai jamais personnellement : et comme sa conduite est infiniment préjudiciable à la cause populaire, je demanderai qu'il soit conspué et chassé, ou que je sois déclaré infâme.

Mais, puisqu'il insulte tout le monde, puisqu'il accuse *Favard* (car tous les Communistes le devinent) de lui avoir manqué de parole, d'être mon partisan *intéressé*, et d'avoir essayé contre lui une propagande de *calomnies* aussi *stupides* qu'*infâmes*, c'est en face et dans une réunion publique que *Favard* veut l'accuser.

Accusation du pamphlétaire par un ouvrier.

Favard accuse le pamphlétaire d'avoir, en présence de plusieurs citoyens, tenu les propos suivants :

« C'est très désagréable que M. Cabet ne vende cette lettre que *deux sous*, parce que les autres ne peuvent pas donner pour ce prix-là ; alors on croit qu'ils veulent trop gagner. »

« L'homme doit prendre son bonheur *où il le trouve*. — (On lui répondait) Et les moyens déshonorants, tels que *souteneur de femmes publiques ?* — Eh bien ! si cet emploi fait le bonheur de quelqu'un, il fait bien de le prendre. »

« Le vrai matérialiste passerait sur le *corps de son père* pour aller chercher son bonheur. »

« *Quenisset* n'a pas mal fait de dénoncer ses co-accusés pour se sauver : à sa place, chacun en ferait autant. »

« Quand je n'ai pas d'argent, je ne suis pas embarrassé. Au lieu d'aller *déjeûner* pour *dix sous*, qu'il faudrait payer, je me fais apporter des *déjeûners* à 5 francs que je ne paie pas (qu'il mangeait avec David). »

« Qu'on ne parle pas toujours de *morale* et de *vertu !* Ce sont de vains mots : les *pouillards* me serviront de *faux témoins* pour *cinq sous* quand je voudrai. »

« J'ai écrit à mon frère : Si tu as mis de côté les *préjugés de morale et de vertu* et qu'il te reste encore 5 ou 6,000 fr., viens me trouver ; je suis ton homme, et nous tiendrons la *fortune* par les cheveux. »

A l'époque de sa *Réfutation Lamenais*, il vint nous dire :

« La brochure s'est-elle bien vendue ? — Pas beaucoup. — Il n'y a pas de dévouement dans les Communistes. On n'a pas fait pour cette brochure ce qu'on aurait dû faire. Et cependant on doit bien savoir que, quand un parti n'a pas de quoi nourrir les hommes qui se dévouent pour lui, il ne doit pas espérer de *les avoir toujours.* »

« Quand on ne peut écrire dans le *National*, il faut écrire dans les *Débats* ou dans la *Presse.* »

Et il tenait quelquefois les propos les plus violents.

De pareils principes peuvent mener loin ! Et voilà l'homme qui prétend diriger le Peuple !

Et ces faits lui seront soutenus en face par un ouvrier généralement connu pour être aussi laborieux qu'habile, aussi fraternel que moral, aussi estimé qu'estimable.

Lettres par des souteneurs du pamphlétaire.

Pour montrer jusqu'à quel excès d'outrages et d'indignités est exposé l'homme qui se dévoue à la cause des travailleurs, je voulais insérer ici les lettres d'un ouvrier, l'un des plus violents souteneurs du pamphlétaire, l'un des êtres les plus abjects, qui, tout en reconnaissant que les Communistes me doivent *une reconnaissance* pour *Icarie*, m'a écrit que les Communistes me *maudiront*, que je *vends du papier* pour faire bouillir mon *pot-au-feu ;* qui a eu l'audace de me lire lui-même sa lettre, sur ma demande, dans mon cabinet... — Mais la place me manque, et le dégoût m'arrête...

Lettres de partisans des doctrines Icariennes.

Je voulais aussi confondre tous ces misérables en insérant ici la lettre d'un Docteur en médecine : mais sa longueur me force, à mon grand regret, de la réserver pour le prochain Numéro du *Populaire.*

RÉSUMÉ.

Je voulais également faire un *résumé :* mais je suis épuisé de fatigue (et que de temps ce malheureux me fait perdre !), autant que j'ai l'âme navrée... Et si l'on savait tout !...

Qu'on relise seulement les Adresses, pages 8, 13, etc. ! J'ai hâte de terminer, en disant toute ma pensée.

TOUTE LA VÉRITÉ AU PEUPLE.

Rarement le zèle patriotique aura rien inspiré de plus hardi ! Au milieu de la crise qui nous enveloppe et nous presse, je veux remplir, dans toute sa profondeur, mon devoir de citoyen, et dire au Peuple toute ma pensée, toute ma conviction, toute la vérité, ou du moins tout ce que je crois être la vérité.

Car je ne trouve rien de plus puéril, de plus stupide, de plus insensé, que l'indifférence avec laquelle tout le monde, sans aucune exception, traite la plus grande de toutes les affaires, le plus grand de tous les intérêts : je m'explique. — Que de patriotes, d'écrivains, de Députés, s'épuisent en méditations, en veilles, en travaux, pour découvrir le remède au mal qui dévore la Société, pour préparer un discours ou un écrit, afin de proposer quelque moyen de guérison ! Et personne ne pense que, pendant ce temps, à côté, dans quelque coin et dans les ténèbres, quelques individus, sans instruction, sans expérience, sans capacité, poussés par le désespoir, ou par la cupidité, ou par quelque main perfide, peuvent, par la folie ou le crime d'un moment, déjouer toutes les combinaisons et tous les efforts des hommes les plus habiles et les plus généreux, compromettre le Peuple entier, aggraver sa misère, et prolonger pour des siècles son humiliation, son esclavage et ses douleurs ! N'est-ce pas imiter ce fabuleux astronome qui tombe ou qu'on précipite dans un puits, parce qu'il marchait en fixant ses yeux sur un astre au lieu de regarder si quelque abîme ne se trouvait pas sur son passage ? Oui, le plus grand service qu'un bon citoyen puisse rendre à son pays, ce n'es pas de s'absorber dans les méditations, dans la théorie, dans la métaphysique ; c'est de chercher à découvrir le mal pratique, de le signaler et d'y remédier, ou plutôt de le prévenir et de l'empêcher. C'est le devoir de chaque passager de sauver ses compagnons en signalant l'écueil qu'il aperçoit ; c'est son intérêt et son droit de crier fort pour éviter le naufrage qui l'engloutirait avec les autres. Devoir, je veux l'accomplir pour sauver mes frères ; droit, je veux l'exercer pour me sauver moi-même ! Encore une fois, je veux dire toute la vérité.

Eh bien ! personne ne peut méconnaître que nous nous trouvons au milieu d'une des plus grandes crises qui aient agité l'Humanité. Mécontentement profond excité chaque jour, envenimé par le développement croissant d'un système anti-populaire, ressentiment énergique des humiliations devant les aristocraties étrangères, angoisses perpétuelles de l'Industrie et du Commerce, affreuse misère et désespoir des travailleurs, Bastilles aussi exécrées que menaçantes et honteuse, mort inopinée du Roi futur, longue Régence au début d'une Dynastie nouvelle en présence de Prétendants divers ; que de larges portes ouvertes aux inquiétudes et aux agitations de l'Europe, à toutes les chances d'un avenir gros d'orages !

Qui peut dire ce qui arrivera? Qui peut dire ce qui n'arrivera pas ?

Si ma voix n'était pas trop faible ou trop inconnue pour être entendue ou écoutée de la Bourgeoisie, je lui dirais, dans son intérêt (car dans mes sentiments de philanthropie ou de fraternité universelle, je désire son repos, sa sécurité et son bonheur, comme je désire le bonheur du Peuple), je lui dirais : « Ne fermez pas les yeux sur la diminution croissante du salaire de l'ouvrier, sur son manque de travail, sur la rareté et la cherté des aliments du pauvre, sur l'augmentation des impôts, sur la misère, sur le désespoir concentré dont l'explosion peut n'en être que plus terrible ! Respectez la dignité d'homme dans ces prolétaires qui, aux yeux de la philosophie comme à ceux de la religion, son réellement vos frères ! Soyez compâtissants, humains, justes, envers ces travailleurs dont les bras vous nourrissent, vous vêtissent, vous logent, dont un grand nombre méritent votre estime par leurs vertus, et qui tous méritent votre bienveillance et vos égards parce qu'ils sont tous les victimes d'une tyrannique organisation sociale qui leur refuse l'éducation et l'instruction sans même leur assurer du travail et du pain ! Soyez justes par amour de la justice et de l'humanité ! Soyez-le du moins par prudence et par intérêt bien entendu ! Car ce serait folie d'oublier que « ventre affamé n'a pas d'oreilles » et que « personne n'écoute moins la raison que le désespoir ! »

Mais c'est aux TRAVAILLEURS que je veux surtout m'adresser ; c'est à eux surtout que je m'intéresse, parce qu'ils sont les plus nombreux, les plus malheureux, les plus victimes de l'organisation sociale, les plus excusables dans leurs écarts. — C'est leur intérêt seul que j'examine.

Je connais leur misère : elle est affreuse !

Je connais leur exécration contre les bastilles : elle est sans bornes, comme la mienne !

Ce n'est pas moi qui blâmerai leur résolution de recouvrer leurs droits, et je saurais braver avec eux tous les périls pour nous défendre si notre existence était attaquée.

Mais le moyen de reconquérir nos droits, surtout d'empêcher les bastilles ? Est-ce la violence ? Sont-ce les Sociétés secrètes, l'émeute, l'attentat ? Non, non ! C'est mon opinion, c'est ma conviction profonde... Et je crois connaître toutes nos ressources, tous nos hommes, chefs et soldats... Et ma conviction est telle que, aujourd'hui, je donnerais ma vie pour empêcher...

Ce sont les émeutes de floréal et prairial, du camp de Grenelle, qui ont achevé de perdre la cause populaire ! Où ne serions-nous pas si, depuis 1830, nous eussions eu le bonheur d'éviter les émeutes et les attentats ? Strasbourg et Boulogne ne doivent-ils exciter aucun regret à celui qui croyait y trouver son triomphe ? Et quelle serait aujourd'hui notre position, si le Prince tué par ses chevaux dans l'ornière creusée par les bastilles avait été frappé par la main de la vengeance ?

Nos ennemis doivent désirer des émeutes et des attentats, même les provoquer ; mais nous, nous n'avons rien à plus redouter ! ! !

Voyez quels hommes voudraient se mettre à votre tête! Il est heureux qu'ils se démasquent auparavant!

Les plus dangereux de vos ennemis sont les fous et les égoïste, ou les perfides qui vous flattent et se disent vos meilleurs amis, mais qui vous entraînent follement ou criminellement dans les précipices...

Quoi que fasse l'esprit de despotisme et de tyrannie, l'avenir est à nous, par la force du progrès et par la puissance de l'opinion publique!

Union donc, patience, prudence, instruction, moralisation, fraternité universelle! et la Bourgeoisie reviendra au Peuple, et la cause commune est gagnée!

Nous autres, vieux soldats de l'armée populaire, nous pourrons bien être enlevés avant la victoire; mais nous aurons préparé des défenseurs et des sauveurs à l'Humanité.

Et quelque long qu'il puisse paraître, ce chemin est encore le plus court, le plus prompt, le seul qui ne soit pas entrecoupé d'abîmes.

26 juillet 1842. CABET.

NOTA. Veuillez lire auparavant la Délibération de l'Assemblée générale.

ADRESSE

DE LA COMMISSION DES ACTIONNAIRES.

CHER CITOYEN CABET,

C'est au nom de la Commission des Actionnaires du *Populaire* que nous vous adressons ces mots, pour vous faire connaître notre opinion sur une brochure dirigée contre vous, à laquelle vous n'auriez pas besoin de répondre si tout le monde avait l'avantage de vous connaître comme nous: mais puisqu'une réponse est nécessaire pour éclairer ceux qui ne connaissent pas votre vie de sacrifices pour le bonheur du peuple, qu'il nous soit permis de dire que nous considérons les attaques dirigées contre vous comme un moyen de diviser les Communistes, en s'efforçant de soulever des soupçons contre votre dévouement à la cause de l'humanité. Quelles que soient les attaques qu'on veuille vous adresser, notre confiance en vous est inébranlable, notre reconnaissance et notre estime vous sont assurées; car nous adoptons entièrement la doctrine générale de votre *Voyage en Icarie*, et nous ne craignons pas de le déclarer hautement, pour montrer que nous adoptons le Mariage et la Famille, et que nous nous séparons de toute idée de violence, de Société secrète, d'émeute et d'attentat, toujours si funestes au Peuple.

Et pour vous prouver jusqu'où va notre confiance en vous, c'est nous qui nous chargeons de faire imprimer et de distribuer à nos camarades votre réponse, sans avoir besoin de la connaître.

Recevez, cher citoyen, l'expression des sentiments de l'estime toute fraternelle avec laquelle nous sommes les membres de la Commission nommée par la réunion de la Société des Actionnaires du *Populaire*,

MAILLARD, LEROY, BOURGEOIS, DESSINGIS, VILLICUS, DUCOIN, GUÉNICHET, VIOLLOT, TESSIER, FAVARD.

Paris, — Imprimerie d'Ad. BRETON et Compie, rue Montmartre 131.